U0513225

南昌大学青年学者经管论丛

签字注册会计师个体特征与审计质量研究

RESEARCH ON THE INDIVIDUAL CHARACTERISTICS
AND AUDIT QUALITY
OF CERTIFIED PUBLIC ACCOUNTANTS

闫焕民　著

社会科学文献出版社
SOCIAL SCIENCES ACADEMIC PRESS (CHINA)

　　感谢国家自然科学基金项目"审计师工作压力与审计质量：基于个体感知视角的研究"（71662021）、"签字注册会计师个体执业行为特征及其结果研究"（71462014）、江西省高校人文社会科学研究青年项目"LLP组织变迁、审计师执业行为特征与独立审计效率研究"（GL1582）的资助

摘　要

　　独立审计是现代市场经济的核心中介服务之一。签字注册会计师是所有者与代理者之间的桥梁，他们作为独立的第三方，负责把脉企业的财务报告，评价管理层的职责履行情况，旨在通过发表审计意见的方式，提高企业财务会计信息质量，保护所有者的合法权益，维护正常的市场经济秩序。各国家（或地区）的审计实践表明，签字注册会计师职业功能的发挥依赖其执业结果的公允性，而这一切又与审计实务的直接执行者——签字注册会计师的个体特征密切相关。那么，在智力密集型的审计服务行业中，签字注册会计师的个体特征究竟是如何影响其专业胜任能力与审计独立性，进而影响审计策略及审计程序的执行效果，最终影响审计结果的呈现及其质量的？其作用机理又是怎样的？遗憾的是，国内学者对这方面的研究稍显滞后与不足。事实上，就审计服务而言，执业个体（签字注册会计师）的异质性比事务所（或分所）的异质性更重要，更具实质性内涵。

　　鉴于此，本书首先在相关文献回顾的基础上，从理论上阐述签字注册会计师个体特征对审计质量产生影响的作用机理，分析这一作用过程的影响因素及约束条件，进而构建签字注册会计师个体特征与审计质量之间关系的理论原型。其次，将这一理论原型嵌入我国特定的审计市场环境及法律制度背景中，进而得到基于我国特定经济环境和制度背景的签字注册会计师个体特征与审计质量之间关系的检验模型。最后，根据上述理论原型与检验模型，选取2007～2013年我国沪深A股上市公司及其财务报告主审会计师事务所、签字注册会计师为初始研究样本，分别从不同类型的签字注册会计师个体特征角度予以理论分析和实证检验，最终形成具体的研究结论。

具体而言，本书的研究意义体现在三个方面。第一，本书将研究视角从以往研究中的会计师事务所（总所或分所）层面推进到签字注册会计师个体层面，继而讨论签字注册会计师审计过程中存在的若干重要问题，这充分体现了审计行业"以人为本"的行业特点。第二，从签字注册会计师个体的人口特征（性别、年龄、教育程度及专业背景等）和执业特征（执业经验、执业集中度及客户重要性水平等）角度出发，考察这些个体特征对审计质量的影响，能够为此类问题的研究提供一个更为具象的、动态的检验视角和逻辑思路。第三，本书的研究同样具有重要的政策参考价值，有助于行业监管部门更加准确地解读签字注册会计师个体特征对执业活动的影响机理，认识审计产品的输出及最终呈现过程，制定科学合理的监管政策，促进注册会计师行业的健康持续发展。

Abstract

Audit service is an important intermediary service of modern market economy. As the bridge between owners and agents, auditor should be adhering to be the independent third party, check the financial report and evaluate managers' responsibility fulfillment. Namely, the signing auditor issues an appropriate audit opinion to improve the quality of financial information and protect the legitimate rights and interests of the owners. In a word, auditors play an indispensable role in maintaining the normal order of market economy. The audit practice of different countries and regions shows that the realization of the function of audit relies on the fairness of the audit results. What is more, all of this is closely related to the individual characteristics of auditing practice executives. Audit belongs to intelligence intensive service industry, how do auditor's individual characteristics affect professional competence and independence, execution effect of Audit strategy and procedure, audit result and its quality? What is its action mechanism? Unfortunately, correlational studies of domestic scholars are slightly lag and inadequate. In fact, in terms of auditing services, the heterogeneity of individual auditors is more important and rich in connotation than that of accounting firm or office.

In this view, on the basis of literature review, we firstly theoretically analyzed action mechanism of auditor's individual characteristics, its influence factors and constraints. Then we built the theoretical model concerning the relationship between individual characteristics and audit quality. Secondly, we put this theory model into specific background of audit market environment and legal system in China. In this way, we built the test mode of relationship between individual characteristics and audit quality under specific economic environment and system background of our country. Finally, based on the sample of listed companies and their auditors during 2007 – 2013 in China A-share market, we did empirical analysis and got research conclusions.

To be specific, the academic significance of this study includes that: the research perspective has been shifted from the level of the accounting firm as a whole to the level of individual auditor, this embodies the people-oriented characteristics of audit industry. Further more, selecting education experience, gender and age as auditor's individual demographic characteristics and selecting practice experience, practice concentration and client importance as auditor's individual practice characteristics and examining its' effects on audit quality, this paper provides a more concrete perspective and logical thinking. This paper also has some important reference value for policy, it will help the supervision departments to interpret auditor's behaviors and its effects, understand the process of audit product outputting and finally rendering, help the regulators to formulate scientific and reasonable policies, promote its healthy development continuously.

CONTENTS

第一章 绪论

一 研究背景与意义

（一）研究背景

审计作为现代市场经济的核心中介服务之一，最初因授权管理经济活动的需要而产生。无论是传统审计还是现代审计，受托经济责任关系皆是其产生的客观基础。伴随着社会经济的持续发展及社会分工的不断细化，不同性质的受托经济责任关系又进一步将审计角色分别定格为国家政府审计、企业内部审计和注册会计师审计。签字注册会计师是所有者与代理者之间的桥梁，他们作为独立的第三方，负责把脉企业的财务报告，评价管理层的职责履行情况，旨在通过审计产品输出的方式，提高企业财务会计信息质量，保护所有者的合法权益，在维护正常的市场经济秩序中扮演着不可或缺的角色。为此，在美国注册会计师协会成立五十周年和一百周年时，时任美国总统罗斯福和里根分别给美国注册会计师协会写了贺信。一个国家的最高领导人向职业协会发贺信，这本身就说明了这一职业被重视的程度及其社会地位。在我国，国家主席习近平也曾会见安永、国富浩华会计师事务所代表，并对注册会计师行业工作做出重要批示。

各国（地区）的审计实践表明，签字注册会计师职业功能的发挥依赖其执业结果的公允性，而这一切又与审计实务的直接执行者——签字注册会计师的个体特征密切相关。从理论上讲，签字注册会计师的个体特征会影响审计决策行为，进而影响审计结果呈现及其质量（Libby et al.，1990）。那么，一个自然的逻辑问题就是：在智力密集型的审计行业中，签字注册会计师的个体特征究竟如何影响审计决策效率及业务质量？其作用机理又是怎样的？为探索这些现实且重要的问题，国内外学者对签字注册会计师审计相关问题的研究在近些年也呈现出了一种趋势，且这种趋势日渐明朗，即研究的视角从会计师事务所整体的层面逐步推进到了事务所分所的层面，然后有进一步向注册会计师个体层面延伸的倾向，如 Earley（2002）、Chen 等（2010）、Gul 等（2013）等的研究都是引领这方面研究的优秀文献成果。但遗憾的是，国内学者在这方面的研究稍显滞后和不足。然而，不容忽视的是，作为审计实务的最终执行者，签字注册会计师的年龄、专业水平、执业经验及执业独立性等个体层面的多维特征会直接影响审计策略及计划的制订与实施，影响审计产品的输出过程及最终呈现，进而引发一系列关乎审计质量的重要问题。

例如，在个体的人口特征方面，签字注册会计师的性别或年龄差异是否反映了个人的执业谨慎性、风险偏好程度的差异？签字注册会计师的教育经历（包括受教育程度、专业背景等）是否与个人的执业能力存在相关关系？在个体的执业特征方面，签字注册会计师的执业年限长短、累计签发的审计报告数量是否反映了个人经验积累的差异？签字注册会计师在某一个或某几个行业集中执业而形成的执业集中度①是否反映了个人的审计行业专攻或审计专业水平，进而体现了审计专业胜任能力？某客户对签字注册会计师个体的经济重要性如何影响其实质上的执业独立性？这些源于签字注册会计师个体层面的人口特征与执业特征都在一定程度上反映了或影响着签字注册会计师的专业胜任能力和执业独立性，进而影响审计策略及审计程序的执行效果，最终影响审计结果的呈现及其质量。

（二）研究意义

鉴于在签字注册会计师的个体层面对个体特征与审计质量的相关关系展开研究的理论与现实需要，本书拟结合我国特定的证券市场环境及制度背景，从签字注册会计师的个体层面考察审计实务的直接执行者（签字注册会计师）的个体特征与审计质量之间的关系。具体而言，本研究的学术意义主要包括三个方面。

第一，本书将研究视角从以往研究的会计师事务所（总所或分所）层面推进到注册会计师个体层面，继而讨论注册会计师审计中的若干重要问题。这不但体现了注册会计师审计行业"以人为本"的行业特点，而且充分考虑了签字注册会计师作为具备完全民事行为能力的执业个体在执业活动中表现出来的个体特征异质性。另外，执业个体层面的异质性比事务所层面的异质性更具有可观测性和直接决定性。

第二，本书从静态的人口特征与动态的执业特征两个角度考察签字注册会计师个体异质性对审计质量的影响。首先，以签字注册会计师的性别、年龄、受教育程度及专业背景作为人口特征的观测

---

① 需要说明的是，本书所指的会计师事务所或签字注册会计师在某行业的执业集中度与国内相关文献中的"行业专长""行业专攻"等词语的基本概念是大致相同的，只是名称或度量方法略有差异。

点，考察这些相对静态的个体特征对审计质量产生的影响。这不仅能够从人口特征的视角补充签字注册会计师审计相关问题的文献，而且能够为该领域的研究提供来自中国的理论逻辑和经验证据。其次，签字注册会计师审计是一项动态执业行为，由高层梯队理论和审计质量的形成原理可知，从接受业务到外勤工作，再到形成审计结论，这一审计过程中的具体计划的制订与实施、审计谈判及审计报告类型的确定，必然会受到签字注册会计师个体的动态执业行为表现的影响。因为签字注册会计师个体的执业特征直接反映了其专业胜任能力及执业独立性，并直接决定着最终审计产品的输出及其质量。故而，本书以执业经验、执业集中度及客户重要性水平作为注册会计师个体执业能力及执业独立性的观测点，继而考察个体执业特征对审计质量的影响，以期为此类问题的研究提供一个更为具象的、动态的检验视角和逻辑思路。

第三，本书同样具有重要的政策参考价值。本书从签字注册会计师的个体层面探讨执业个体特征对审计质量产生的影响。这有助于行业监管部门更准确地解读签字注册会计师个体特征对执业行为活动的作用机理，认识审计产品的输出及最终呈现过程，进而有助于行业监管部门制定科学合理的监管政策，从而保证注册会计师执业服务在正确的轨道上高效运行，促进注册会计师行业的健康持续发展。

总之，上述源于签字注册会计师个体层面的人口特征与执业特征虽不能囊括签字注册会计师个体特征的全部方面，但它们都是会对审计业务质量产生影响的重要特征，而审计业务质量的高低又会直接影响被审计单位财务报告信息的可靠性和有用性，进而影响到借助这些财务信息进行判断与决策的广大投资者的切身利益。故而，上述现实问题都是十分重要且亟须解答的。而且，我国是少数披露签字注册会计师信息的国家（地区）之一，这使得广大财务学者有条件且有必要开展这方面的研究。简言之，结合我国当前审计市场环境及制度背景，系统全面地探究审计实务的最终执行者——签字注册会计师的个体特征及其影响是十分必要且具有重要现实价值的。

二　研究目标与内容

（一）研究目标

本书关于签字注册会计师个体特征对审计质量的影响研究，预期达到两个主要研究目标。

第一，在理论分析签字注册会计师个体特征对审计质量的作用机理的基础上，分别从签字注册会计师个体的人口特征和执业特征的角度，系统地分析并实证检验签字注册会计师个体特征对审计策略的制定、审计计划的实施、审计程序的执行、审计产品的输出及审计结果的质量产生的影响，从而尽可能全方位地呈现签字注册会计师个体的可观测执业活动，以期有助于会计信息使用者更加准确地解读签字注册会计师审计行为及其个体特征在这一行为过程中产生的影响。

第二，在总结理论分析及实证检验结果的基础上，结合目前我国特定的经济环境与制度背景，对与签字注册会计师执业活动相关的监管政策及制度的设计与完善提供相关的参考意见与建议，有助于监管部门逐步完善我国签字注册会计师执业活动的监管制度，保证签字注册会计师的执业服务在正确的轨道上高效运行，最终保障签字注册会计师审计结果质量的提高及其执业使命的完成。

（二）研究内容

本书的研究内容主要围绕签字注册会计师个体的人口特征和执业特征两个基本层面展开，具体内容如图 1－1 所示。

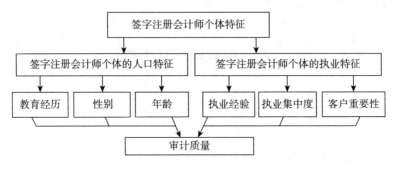

图 1－1 研究内容框架

首先，对国内外相关研究成果的梳理与研究现状的分析。关于签字注册会计师个体特征与审计质量，国外文献的研究视角已从会计师事务所整体的层面逐步推进到了事务所分所的层面，而今又有进一步向签字注册会计师个体层面延伸的明显趋势。近几年来，国内少数学者也开始考虑结合国内审计市场环境及制度背景，尝试对签字注册会计师个体特征方面进行探索研究。虽然这些前瞻性研究成果的研究深度和广度都有待拓展，但是起到了很好的指示与引领作用，这为本书研究的开展提供了文献支持和有益参照。

其次，对签字注册会计师个体的人口特征与审计质量的研究。选取签字注册会计师的受教育程度、专业背景、性别与年龄作为个体人口特征的基本切入点，理论分析这些基本的人口特征对签字注册会计师审计决策的制定、审计计划的执行、审计独立性等可能产生的影响。然后，对选取的人口特征进行科学度量，构建合理的检验模型，利用大样本档案数据进行实证分析，形成有关个体人口特征与审计质量之间关系的研究结论。

再次，对签字注册会计师个体的执业特征与审计质量的研究。选取签字注册会计师的执业经验（包括执业年限、累计签发审计报告的数量）、执业集中度和客户重要性水平作为个体执业特征的基本切入点，理论分析这些执业特征对签字注册会计师审计策略的制定与实施、执业独立性等可能产生的影响。然后，对这些执业特征逐一进行量化并构建合理的检验模型，利用大样本档案数据进行实证分析，形成有关个体执业特征与审计质量之间关系的研究结论。

最后，汇总本书的研究结论，结合我国签字注册会计师审计专业人才培养政策、签字注册会计师审计行业监管法规，为我国签字注册会计师审计行业发展、行业监管政策及制度的设计与完善，提出符合我国经济、制度环境及审计实践的意见与建议。

三　研究思路与方法

（一）研究思路

本书拟采用归纳、演绎与总结等方法进行基本理论分析，然后在此基础上运用数据分析、模型检验等方法进行实证研究，多维度地系统检验签字注册会计师个体特征与审计质量之间的关系。具体的研究技术路线如图 1-2 所示。

具体研究思路：在文献回顾的基础上，首先理论阐述签字注册会计师个体特征对审计质量产生影响的作用机理，分析这一作用过程的影响因素及约束条件，进而构建签字注册会计师个体特征与审计质量之间关系的理论原型。其次，将此原型嵌入我国的审计市场环境及制度背景中，进而得到基于我国特定经济环境和制度背景的签字注册会计师个体特征与审计质量之间关系的检验模型。最后，根据上述理论原型与检验模型，分别从不同类型的签字注册会计师

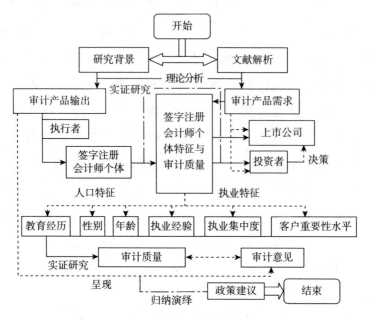

图 1 - 2　研究技术路线

个体特征角度予以理论演绎和实证检验，最终形成具体的研究结论，提出相关政策建议。

（二）研究方法

本书运用的研究方法主要包括文献研究法、演绎推理法及实证检验法等。

第一，文献研究法。文献研究法是目前学者最常用的科学研究方法之一。这为本书关于签字注册会计师个体特征与审计质量之间关系的国内外研究文献的梳理、归纳与评述提供了方法与技术指导。这也是本书开展理论分析与实证研究的前提，能够使研究人员更好地了解并熟悉与研究主题相关的国内外研究成果、最新研究动态，进而发掘现有研究可能存在的不足或研究盲点，找到进一步研究的方向，形成本书研究的目标与内容。

第二，演绎推理法。演绎推理法是依据反映事物客观规律的相关理论知识，由事物的已知部分推断未知部分的一种思维方法。本书的研究主要采用假说演绎推理的方式，基于高层梯队理论、学习效应理论、资产专用性理论及"深口袋"理论分析签字注册会计师个体的人口特征（教育经历、性别与年龄等）以及执业特征（执业经验、执业集中度与客户重要性水平）对具体审计业务执行流程产生影响的可能路径或方式，合理推断出这些个体特征与审计质量之间的关系，进而提出相应的研究假说。

第三，实证检验法。实证检验法通过构建数学检验模型并进行经验数据分析，以支持或推翻相关的研究假说。本书以我国上市公司及其主审签字的注册会计师为研究样本，借鉴已有的国内外优秀研究成果，选择合理的研究变量并构建恰当的数学模型，分别对签字注册会计师个体的人口特征与审计质量之间的相关关系、执业特征与审计质量之间的相关关系进行统计分析，以研究它们对审计质量产生的实质影响。此外，为保证研究结论的稳健性，本书还采用了稳健性检验等测试方法。

四　研究创新与不足

（一）研究创新

本书的创新点主要体现在研究视角、研究内容与研究结论三个方面。

第一，研究视角。以往关于审计质量问题的实证研究大都基于会计师事务所整体视角或分所视角，即假定事务所的各分所或执业个体是同质的。但事实上，不同事务所内部的不同签字注册会计师个体是具有异质性的，而且执业个体的异质性应比事务所或分所的异质性更具实质性内涵。故本书将研究视角拓展到签字注册会计师个体层面，深入探讨个体特征对审计质量的影响。这不但体现了注册会计师审计行业"以人为本"的行业特点，也充分考虑了签字注册会计师作为具备完全民事行为能力的执业个体在执业活动中表现出来的个体特征异质性产生的具体影响，从而丰富了该领域的问题研究。

第二，研究内容。不同于现有的偏重静态人口特征的少许研究，本书在考虑人口特征的同时，着重考察了相对动态的个体执业特征对审计决策及业务质量产生的影响。因为个体的执业经验、执业集中度及客户重要性水平等执业特征直接影响着个体的专业胜任能力及执业独立性，进而影响审计质量。这为此类问题的研究提供了更为具象的、完整的逻辑思路与经验证据。

第三，研究结论。本书研究发现，签字注册会计师的个体执业经验与审计任期之间、执业集中度与审计任期之间均存在显著的交互效应，呈现为对审计质量的干扰型交互作用。这为该领域问题的研究提供了一个新的经验结论。此外，本书同时考虑了签字注册会计师个体特征与事务所特征之间的共同作用，发现规模较大的会计师事务所（简称"大所"）的声誉维护机制能够调节签字注册会计师个体的客户重要性水平对审计质量的负面影响。这有助于结合事务所层面的特征与执业个体层面的特征，以全面解读审计质量决定机制。

（二）研究不足

限于篇幅及个人研究能力，本书研究尚存在一些不足之处或局限性。

其一，客观地讲，注册会计师个体的人口特征与执业特征的范畴是非常宽泛的，而且很多个体层面的特征难以运用数学指标予以量化，本书选取了其中具有代表性且可观测的特征指标予以分析，但未能探讨所有的个体特征对审计质量可能产生的影响。比如，注册会计师个体在审计实务中是否保持较高的执业独立性，是否存在超时审计等违规行为，这些执业行为特征又会产生何种影响，这些问题有待未来进一步探讨。

其二，我国上市公司审计报告通常有两位注册会计师签字，若能区分项目负责人和复核人的角色差异，考察不同角色的签字注册会计师个体特征对审计质量的单独影响以及不同角色的签字注册会计师之间的交互影响，这将是很有价值的。但根据目前我国上市公司对外披露的会计师事务所、签字注册会计师信息以及相关的文件规定，很难判断审计报告中两位签字注册会计师的具体角色。未来深入分析与解读这一重要且现实的问题，将对加强我国注册会计师行业监管及提高审计行业服务水平有所裨益。

第二章　文献综述

关于签字注册会计师审计及其结果的研究，国外学者从会计师事务所的整体层面到事务所的分所层面，再到签字注册会计师的个体层面，展开了多层次、多维度的理论分析和经验研究，研究成果丰富且结论不一。但从整体来看，该领域的研究大都以会计师事务所为研究主体。自 20 世纪 80 年代末 90 年代初，有少数学者陆续关注到审计委托业务的最终执行者——签字注册会计师个体层面的特征对审计结果及其质量的影响。如 Libby 等（1990）、Tan（1995）等较早期的实验研究发现，签字注册会计师的个人经验会对其审计决策行为产生影响，进而影响审计质量。接下来，结合本书研究的主题，拟从签字注册会计师个体人口特征（如性别、年龄、教育经历）和执业特征（如执业经验、执业集中度及客户重要性水平）两个基本层面，对国内外现有的文献研究成果进行详细回顾。

一　签字注册会计师个体人口特征与审计质量

在签字注册会计师审计及其结果问题研究领域，广大学者对签字注册会计师个体人口特征的界定不像传统社会学范畴中的人口特征概念那样宽泛，而是基于审计学理论及学者研究惯例，将签字注册会计师个体人口特征界定为签字注册会计师的性别、年龄、专业背景、受教育程度及政治面貌等能够体现签字注册会计师个体异质性的基本特征。

关于签字注册会计师个体人口特征与审计质量之间的关系问题的研究，最初受启发于人力资本理论研究领域中关于人力资本投资与经济增长、企业绩效及个人薪酬等之间关系的问题研究。例如，在经济学或社会学研究领域，早就有研究表明，国民受教育程度对经济增长具有影响，男性接受教育的比率与国民经济增长之间存在显著的相关关系；亦有研究发现，企业人力资本投资对投资回报率有显著影响；或者，企业员工的平均受教育程度与企业产出效率之间存在显著的正相关关系。将这一思想延伸到注册会计师审计相关问题中，学者研究发现，注册会计师人力资本特征能够影响会计师事务所的解散概率，影响会计师事务所的绩效，影响审计质量（Gul et al.，2013），或者影响会计师事务所的经营效率、质量控制机制的效率及审计结果质量（Chen et al.，2008；Cheng et al.，2009）。换言之，在考察审计质量时，会计师事务所的人力资本是不可忽略的重要因素。进一步拓展开来，关于签字注册会计师人口特征与审计质量的关系，学者的研究主要集中在签字注册会计师的教育经历、性别及年龄这三类人口特征方面。

（一）教育经历特征

有学者研究发现，签字注册会计师的教育经历或政治面貌等特征会对审计质量产生影响（Gul et al.，2013）。亦有学者基于审计收费的角度，考察签字注册会计师人口特征的影响（Goodwin and Wu，2014），发现签字注册会计师是否第一层次认证（First-tier certification）、是否具有学位（Academic degree）均与审计收费水平存在显著的相关关系。Cheng 等（2009）利用我国台湾地区的公司样本，考察签字注册会计师人力资本与审计质量之间的关系，结果显示签字注册会计师的受教育水平、是否拥有专业资格证等对审计质量及事务所品牌声誉都有显著的影响。在国内学者的研究中，叶琼燕和于忠泊（2011），闫焕民（2015）认为，签字注册会计师的学历越高，所学专业与会计、审计越相关，其对审计风险的评估会越谨慎和准确，审计技术和方法的运用也会越成熟，审计质量自然也越高，但是这一显著关系仅存在于单变量检验中，即签字注册会计师受教育程度对审计质量的影响是有限的。丁利、李明辉和吕伟（2012）将学历界定为两位签字会计师中至少有一位具有硕士及以上学历的情况，将所学专业界定为财务、会计或审计的情况，也未发现签字注册会计师的学历、专业与审计质量之间存在显著的相关关系。类似地，郭春林（2014）也未发现注册会计师的学历对审计质量产生作用的显著经验证据。总之，关于签字注册会计师的教育经历特征对审计质量的影响，目前国内外学者的研究结论尚未达成一致，大致可分为两种：一种是二者正相关；另一种是二者之间关系不显著。

（二）性别特征

施丹和程坚（2011）以我国沪深上市公司为样本，考察签字注册会计师的性别及性别组成与审计质量及审计费用之间的关系，研究结果显示，女性签字注册会计师组所审计的客户的负向操纵性应计利润较为显著，而签字注册会计师性别组成（男男组合、男女组合和女女组合三个组别）与正向、负向抑或取绝对值的操纵性应计利润之间均不存在显著的相关关系，但男女组合和女女组合下的审计收费水平均明显高于男男组合下的审计收费水平。类似地，丁利、李明辉和吕伟（2012）也发现，在可操纵性应计利润为负的情况下，女性组合的可操纵性应计利润相对较低。郭春林（2014）的研究也支持女性签字注册会计师提供了更高的审计质量这一结论。与之相反，叶琼燕和于忠泊（2011）将性别变量简单地界定为签字注册会计师均为男性的情况，结果并未发现女性签字注册会计师更为谨慎的支持证据，反而认为男性签字注册会计师的审计质量相对更高。然而，闫焕民（2015）将可操纵性应计绝对值作为审计质量的替代度量，对审计报告的两位签字注册会计师的性别组合进行分类后，并未发现签字注册会计师的性别会导致审计质量差异，这与前述结论有所不同。

此外，有学者认为，女性签字注册会计师比男性签字注册会计师在发现财务报告的错误方面更加敏锐，而男性签字注册会计师在对错误类型的判断方面比女性签字注册会计师更准确，这体现了不同性别的行为个体在风险偏好与谨慎性方面的差异（Fellner and Maciejovsky，2007）。但也有学者认为，签字注册会计师的性别对财务报告风格方面的影响并不显著（Bamber，Jiang and Wang，2010），无论是男性签字注册会计师还是女性签字注册会计师，都更容易受到男性高管客户的影响（Gold et al.，2009）。总之，关于签字注册会计师性别特征与审计质量之间关系的研究结论尚存在较大分歧。我们认为，产生分歧的主要原因可能是研究样本的选择、性别特征变量的界定方法或者审计市场环境及制度背景等方面的差异。

（三）年龄特征

有学者认为，行为个体的年龄越大，其战略决策可能越倾向于保守，但签字注册会计师的年龄对审计质量的具体影响究竟如何，目前尚未形成较为一致的结论。比如，叶琼燕和于忠泊（2011）

以我国上市公司及其签字注册会计师为样本，考察签字注册会计师个人特征对审计质量的具体影响，研究结果显示，签字注册会计师年龄越大，以财务报告的可操纵性应计数值衡量的审计质量也越高。然而，丁利、李明辉和吕伟（2012）则认为，签字注册会计师的年龄与可操纵性应计绝对值之间的负相关关系仅存在于可操纵性应计数为负的情况下，也即签字注册会计师的年龄可能部分地反映执业个体的经验积累，并对审计质量产生有限的正效应。不同的是，刘笑霞和李明辉（2012）在考察会计师事务所人力资本特征对审计质量的影响时发现，在我国本土会计师事务所中，40岁至60岁的注册会计师所占比重越高，可操纵性应计绝对值越低，但这一关系仅存在于有正向盈余操纵行为的公司中。总之，签字注册会计师的年龄与审计质量之间的关系究竟如何，有待进一步进行实证研究。

（四）所内级别特征

有学者认为，作为事务所合伙人或者主任会计师的签字注册会计师会更加注重事务所品牌及个人声誉的维护，并在其强烈责任感的驱动下，更加重视审计质量的保障。比如，叶琼燕和于忠泊（2011）的经验研究结果显示，当两位签字注册会计师均为事务所合伙人时，审计质量显著较高。类似地，Gul等（2013）以签字注册会计师是否为合伙人作为所内级别的界定，发现个体级别差异对审计质量产生了一定的影响。不同的是，郭春林（2014）研究发现，签字注册会计师的级别与审计质量并无显著相关关系。当两位签字注册会计师均为合伙人时，可操纵性应计绝对值相对较高且不显著（丁利、李明辉、吕伟，2012）。总之，关于签字注册会计师的所内级别特征对审计质量产生的影响，目前已有研究结论分歧较大。

（五）政治面貌特征

叶琼燕和于忠泊（2011）将政治面貌界定为两位签字注册会计师都是中共党员的情况，并未发现签字注册会计师的政治面貌与审计质量之间存在显著的相关关系。丁利、李明辉和吕伟（2012）也得出了类似的研究结果，他们认为党员只是一种政治面貌和信仰倾向，这一特征并不会直接导致签字注册会计师执业能力或执业独立性产生本质变化，故而可能不会对审计质量产生直接的显著作用。不同的是，Gul 等（2013）的研究结果表明，签字注册会计师的政治面貌特征与审计质量之间呈显著的负相关关系。总之，签字注册会计师的政治面貌特征与其提供的审计业务质量之间的相关关系有待探讨。

二　签字注册会计师个体执业特征与审计质量

通常，签字注册会计师个体执业特征是指签字注册会计师在为客户提供审计服务的执业过程中所表现出的所有执业活动特征。诚然，在学术研究中，囿于研究方法或样本数据的可获得性，广大学者不可能囊括签字注册会计师的个体执业活动特征，但可以选取一些对审计结果及其质量产生重要影响的常见执业特征作为研究的观测点和切入点。这些个体执业特征会直接影响被审计单位财务报告信息的可靠性和有用性，进而影响借助这些财务信息进行判断与决策的广大投资者的切身利益。鉴于此，结合本书的研究议题，拟从签字注册会计师个体的执业经验、执业集中度及客户重要性水平等方面，对现有的关于签字注册会计师个体的执业特征与审计质量之间关系的文献予以分类归纳和评述。

（一）执业经验特征

"经验"属于认识论的范畴，意为来自工作经历的知识与能力，是影响工作者决策效率与效果的极为重要的因素。如早有学者研究表明，公司经营者从以往的管理决策中积累的经验信息，有助于其不断修正对个人知识与能力的认知，提高决策的科学性与合理性（闫焕民，2016）。对于注册会计师行业而言，注册会计师在执业过程中的经验积累是审计专业胜任能力的重要构成部分（Wang et al.，2015）。一般而言，注册会计师的个体执业经验受个人执业年限、累计签发的审计报告数量、客户规模、业务复杂度、事务所内部经验交流及行业技能培训等多方面因素的综合影响。通常，签字注册会计师的个体执业经验越丰富，越有助于其准确把握客户的风险水平，制定更为恰当且合理的审计策略与审计计划，降低审计失误或审计失败的可能性，确保审计质量。目前国外学者关于签字注册会计师个体执业经验与审计质量之间关系的研究，大都认为二者之间呈正相关关系，但国内这方面的经验研究则十分匮乏。

具体而言，签字注册会计师的个体执业经验会影响审计专业胜任能力。有实验研究表明，签字注册会计师在个人执业过程中的经验积累、接受的专业技术培训等，可以帮助他（她）发现审计单位财务报告中可能存在的漏报、错报甚至舞弊、欺诈等问题，并且能够根据这些问题及其相关的潜在问题制定与之相对应的审计程序，将客户审计风险降到尽可能低的水平上（Libby et al.，1990）。也有学者的研究显示，当被审计单位财务部门人员或管理层人员提供的本企业财务状况、经营活动等信息与审计团队成员通过数据收集、实地盘点、外部函证、重新计算、重新执行等审计程序和审计方法所获取的判断信息之间存在差异时，执业经验丰富的签字注册会计师往往能够更快地、更有效地处理这种差异，并根据实际情况增加必要的补充审计测试程序（Earley，2002）。而且，签字注册会计师的累计执业年限越长，执业经验越丰富，对审计专业胜任能力的正向提升效应就越明显（Myers，Myers and Omer，2003），就越有助于抑制被审计单位的利润操纵行为（Ye et al.，2014），以及提高审计工作绩效（Alissa et al.，2014）。国内学者吴溪（2009）、原红旗和韩维芳（2012）也认为，丰富的执业经验有助于确保审计质量。关于执业经验与审计独立性，有学者研究表明，签字注册会计师在与被审计单位管理层的协调与谈判过程中，其丰富的执业经验有助于摆脱客户管理层向签字注册会计师及其审计团队成员施加的不恰当的权力干涉，抵御管理层的经济利益诱惑，保持实质上的执业独立性，确保审计业务质量（闫焕民，2016）。此外，Gul 等（2013）的研究结果显示，签字注册会计师个人的教育经历及个人的执业经历能够对个体特征与审计质量之间的相关关系提供一定程度的解释。

进一步地，有学者研究发现，签字注册会计师的执业阶段、执业经历及其经验积累有所差异，对个体的执业活动产生的影响可能有所不同。如签字注册会计师的执业活动对近期的执业经历的敏感度较高，而对较早年度的审计经验积累（包括审计客户数量、执业年限及行业专长等）的敏感度较低（Ashton，1991）；签字注册会计师对来源于"正在审计的客户"与来源于"以往执业经历"的一致的证据信息相对敏感，而对那些不一致或者相互矛盾的证据信息不敏感，审计复核制度对此有一定的调节修正作用（Tan，1995），但拥有不同执业经历的签字注册会计师对不同客户业务的审计复核的精度有所不同。此外，不同事务所或者同一事务所内部的不同签字注册会计师之间，相似的执业经历及经验积累对他们执业活动及审计业务质量的影响亦有差异。值得注意的是，签字注册会计师长期的执业经历固然有助于执业经验的积累、专业胜任能力的提高及审计质量的保障（Chen et al.，2008）；但不能排除，长时间的审计执业经历、丰富的个人执业经验积累也有可能使签字注册会计师逐渐产生盲目自信甚至自负的心理；这种不恰当的心理又很可能导致签字注册会计师产生偏激情绪，最终对审计策略及审计计划的执行效果产生一定的负面影响（Carey and Simnett，2006）。综上可知，多数学者研究认为，签字注册会计师执业经验对审计质量产生了积极正面的影响。

（二）执业集中度特征

作为审计实务的直接和最终执行者，签字注册会计师个体在以往的审计经历中培养的执业集中度的异质性也将会导致审计质量的差异性。在学术研究中，有关签字注册会计师个体的执业集中度对审计质量的影响的文献研究较少，多数的研究集中在会计师事务所整体层面或者分所层面，且研究结论不一。尽管有少数的此类文献研究考虑了总所下属各个分所的异质性（陈波，2013），但能够充分考虑不同事务所或者同一事务所内部的不同签字注册会计师个体之间的异质性，继而分析签字注册会计师个体的执业集中度及其对审计质量的影响的文献研究并不多见，能够利用大样本档案数据展开实证分析的文献研究更是少之又少。

在会计师事务所层面，多数学者认为会计师事务所的审计行业专长或执业集中度有助于提高审计质量（陈丽红、张龙平，2010）；也有少数学者持相反的观点，他们认为只有会计师事务所的审计行业专攻在达到一定程度时才有助于审计质量的提高（Balsam et al.，2003）。国内学者在这方面的研究大都倾向于认为审计行业专长或执业集中度有助于提高审计质量（谢盛纹、孙俊奇，2010；苏文兵等，

2011）。但是，也有学者认为，在我国会计师事务所的独立性整体不高或审计市场竞争机制不完善的条件下，审计行业专长或执业专攻未能提高审计质量，如蔡春和鲜文铎（2007）、刘桂良和牟谦（2008）。不过，较为一致的是，大多数的学者都认为会计师事务所的审计行业专攻有助于其获得更多的审计溢价，这在国际大型会计师事务所中尤为明显（Craswell et al.，2002）。

在签字注册会计师个体层面，关于签字注册会计师个体执业集中度与审计质量关系的研究，国外学者大都认为签字注册会计师个体在某些行业的集中执业和行业专攻有助于其形成与该行业相关的执业专长和经验积累，从而有助于更加准确地识别和评估客户审计风险（Taylor，2000）；有助于制定质量较高的审计决策，提高审计策略与审计风险之间的敏感程度（Low，2004）；有助于行业经验积累及学习效应的发挥，降低客户财务报告重述的概率（Chin and Chi，2009），从而有助于审计质量的提高。但是，在会计师事务所中处于不同级别或职位的签字注册会计师（如合伙人与非合伙人、审计经理与高级项目经理等）对于不同类型的审计工作，其个体的执业集中度对审计质量的影响程度有所差异（Jr，Owhoso and Rakovski，2008）。此外，也有学者研究表明，执业集中度较高的签字注册会计师通常能够获得更高的审计收费，且主要表现在合伙人层次上（Zerni，2012）。国内学者关于签字注册会计师个体的执业集中度与审计质量之间关系的研究十分少见。比如，薛爽等（2012）根据签字注册会计师个体的行业市场份额进行排名，通过设立阈值的方法判断签字注册会计师个体是否具备行业专攻①，研究结果显示，

---

① 薛爽等（2012）、原红旗和韩维芳（2012）界定的签字注册会计师个体行业专攻与本书界定的签字注册会计师个体的执业集中度的基本含义是类似的，都反映了签字注册会计师个体在某行业的专攻或优势，只是在计算方法上有所不同。

个体行业专攻对审计任期与审计质量之间的关系有显著的影响。闫焕民（2015）也发现，签字注册会计师个体层面的审计专长有助于保障审计质量。原红旗和韩维芳（2012）则进一步区分了签字注册会计师的身份角色，并以签字注册会计师对客户所在行业的签字数量来衡量个体行业专攻，研究发现，作为项目负责人的签字注册会计师的行业专攻显著提高了审计质量，而复核签字注册会计师的行业专攻对审计质量的影响不显著。但需要注意的是，原红旗和韩维芳（2012）区分签字注册会计师是项目负责人还是复核人的关键依据在理论上看似合理但在审计实务中未必如此，这可能会影响研究结论的可靠性。不过，该研究对签字注册会计师个体层面的行业专攻抑或执业集中度的后续研究起到了一定的作用。事实上，作为审计业务直接执行者的签字注册会计师，其个体层面的执业集中度可能比事务所整体层面或分所层面的执业集中度更具有可观测性和影响力，这也是开展本书研究的一个重要出发点。

（三）客户重要性水平特征

审计独立性是审计质量的基本保证。然而，在注册会计师审计职业界一直存在一种担忧或质疑：会计师事务所及签字注册会计师对重要客户的经济依赖很有可能会损害审计的独立性，进而降低审计服务的质量。因此，客户重要性水平与执业独立性及审计质量之间的关系，也是学者研究的热点问题。

在学术研究方面，有关签字注册会计师个体的客户重要性水平对审计质量的影响的文献研究较少，多数的研究集中在会计师事务所整体层面或者分所层面，且研究结论不一。目前，从会计师事务所的视角，国外学者的研究结论主要有三种：一是客户重要性水平与审计质量负相关（Khurana and Raman，2004）；二是客户重要性水平与审计质量正相关（Reynolds and Francis，2001）；三是客户重要性水平与执业独立性及审计质量之间并非呈一种简单的正相关或负相关关系，它受客户公司治理结构、法律制度环境（Chen et al.，2010）、事务所声誉维护机制（Chi et al.，2012）等多重因素的综合影响。在国内学者的研究中，关于会计师事务所层面的客户重要性水平与审计质量之间关系的研究结论主要有四种：一是客户重要性水平与审计质量负相关（胡本源，2008）；二是客户重要性水平与审计质量正相关（潘克勤，2007）；三是客户重要性水平与审计质量之间不存在显著的相关关系（陈丽红、张龙平，2010）；四是客户重要性水平与审计质量之间的关系受公司治理水平（倪慧萍，2008；李明辉、刘笑霞，2013）、客户风险微观环境（曹强等，2012）、法制环境（刘启亮、陈汉文、姚易伟，2006）等因素的影响，也即有效的公司治理能够减少管理层对签字注册会计师的干预，并在签字注册会计师与管理层之间存在意见分歧时为签字注册会计师提供可能的保护（倪慧萍，2008；李明辉、刘笑霞，2013）。会计师事务所和签字注册会计师的声誉维护也能促使其保持执业独立性，保证审计服务质量（叶琼燕、于忠泊，2011），但声誉维护机制的效果有待商榷（王兵等，2011）。进一步地，陈波（2013）、王兵和辛清泉（2010）等考虑了会计事务所内部各分所的差异性，丰富了该问题的研究结论。

对于客户重要性水平与审计质量之间关系的研究始终未能得出较为一致的结论，其原因可能是研究视角、样本选取、研究方法及法制背景等因素的差异性。但事实上，通过梳理这些文献我们可以发现，已有的对该问题的研究大都忽略了审计实务的最终执行者——签字注册会计师个体层面的执业特征，这很可能就是导致研究结论出现分歧的重要因素之一。比如，党秀娟等（2011）的研究表明，对于重要客户的经济依赖与审计质量之间的关系，签字注册会计师个体层面的经验结论与会计师事务所层面的经验结论不同。这是因为签字注册会计师的个体行为会影响他（她）与客户管理层之间的关系及双方之间的审计调整谈判、审计定价谈判等（Chen et al.，2010；Taylor，2011），影响其具体的审计决策及其对客户的独立性态度（Francis，2011）。遗憾的是，签字注册会计师个体的客户重要性水平是否会影响其执业独立性并导致审计质量受损，目前直接的相关研究尚不多见。比如，Chen 等（2010）分别从会计师事务所的分所层面与签字注册会计师的个体层面考察客户重要性水平与审计质量的关系，结果发现签字注册会计师个体层面的客户重要性水平越高，越有可能损害审计质量，但政策监管制度的加强能够在一定程度上抑制这种负面作用并且提高签字注册会计师对经济重要客户的审计质量。而且，来自国际"大所"的签字注册会计师的个人声誉维护意识也能够正向调节客户重要性水平与审计质量之间的关系，但非国际"大所"的签字注册会计师貌似没有体现出这种个人声誉保护效应（Chi et al.，2012）。总之，签字注册会计师个体层面的客户重要性水平对审计质量究竟产生何种影响，有待进一步深入研究。

三　文献评述

据前文所述，关于签字注册会计师审计及其业务质量的文献研究特别多，研究成果丰富且结论不尽相同。从整体而言，以往的此类研究大都以会计师事务所为主体，大都假定同一事务所的各个分所是同质的，近些年来才慢慢出现基于各分所异质性视角的经验研究（Chen et al.，2010；陈波，2013）。其实这还不够，因为从逻辑上讲，执业个体（签字注册会计师）的异质性比分所的异质性更重要、更有实质性内涵。幸运的是，近十余年来，这方面的研究已陆续出现。

已有学者从签字注册会计师的性别、年龄、教育经历及政治面貌等角度，分析和检验签字注册会计师个体特征与审计质量、审计收费及事务所绩效等的关系，结论与观点不一（Chen et al.，2008；Chin and Chi，2009；叶琼燕、于忠泊，2011；刘笑霞、李明辉，2012；丁利等，2012）。本书认为，关于签字注册会计师个体特征及审计质量的研究未能达成较为一致的观点，其原因可能是研究视角、样本选取、研究方法或制度背景等方面的差异性。不可忽略的是，这些基于签字注册会计师个体视角的为数不多的文献研究都存在一个共同的特点：仅关注到了签字注册会计师的性别、学历及政治面貌等基本的人口特征，却忽略了另外一个层面的重要个体特征，即执业特征。签字注册会计师审计实际上是一项动态执业活动，他（她）在执业过程中表现出来的个体执业经验、执业集中度及客户经济依赖等一系列动态变化的执业特征，不但影响审计策略及审计程序的选择和执行，而且影响执业独立性，对最终审计结果的质量具有直接的决定性意义（Gul et al.，2013；原红旗、韩维芳，2012）。比如，近来已有学者研究发现，当签字注册会计师携其客户从一家事务所跳槽到另一家事务所时，这种"携客户共进退"的行为会产生一种换"所"不换"师"的现象（刘启亮、唐建新，2009；刘启亮等，2010），这种特殊形式的变更反映了签字注册会计师与客户之间的特殊人际关系，这种特殊人际关系的存在及延续虽未必会严重损害执业独立性及审计质量（Chen，Su and Wu，2009；谢盛纹、闫焕民，2012），但签字注册会计师很可能会出于经济利益绑定或"人情报答规则"的权衡与考量，给予这些追随他（她）的老客户以审计调整或审计意见等方面的优待（谢盛纹、闫焕民，2013）。又如，签字注册会计师到其审计的客户公司担任高层管理人员，形成一种"旋转门"现象，这种极具隐蔽性的"旋转门"行为可能对客户的财务报告质量及审计质量产生不利影响（吴溪等，2010）。这些基于签字注册会计师个体层面的相关研究都为本书研究的开展提供了有益参考。

总之，在我国目前的审计市场环境及制度背景下，签字注册会计师作为审计实务的最终执行者，其个体特征（包括人口特征及执业特征）如何影响审计策略的选择及审计业务质量，这些重要且现实的问题是目前的文献研究少有涉及的。然而，执业个体（签字注册会计师）的异质性比分所的异质性更重要、更有实质性内涵。因为签字注册会计师的年龄、专业水平、执业经验及执业独立性等个体层面的多维特征会直接影响审计策略的制定及计划的实施，影响审计产品的输出过程及最终呈现，进而引发一系列关乎审计质量的重要问题。本书基于签字注册会计师个体的角度，考察其人口特征及执业特征对审计质量的影响，这不仅能够从执业个体的视角补充签字注册会计师审计问题的相关文献，而且能够为该领域的研究提供来自中国的理论逻辑和经验证据。同时，本书的研究将有助于行业监管部门更加准确、直观地理解签字注册会计师个体特征对执业活动及业务质量的影响机理，进而有助于行业监管部门制定科学合理的监管政策，保证签字注册会计师的执业服务在正确的轨道上高效运行，促进注册会计师行业的健康持续发展。

第三章 签字注册会计师个体特征与审计质量的理论概述

一 基本概念的界定

本部分的主要内容包括审计质量的概念、影响因素及度量方法，签字注册会计师个体人口特征的界定及其度量方法，签字注册会计师个体执业特征的界定及其度量方法等。

（一）审计质量的概念及其度量

1. 审计质量的概念

何谓审计质量，通常较笼统的理解是审计工作过程及结果的质量或优劣。广义的审计质量包括业务工作（接受业务委托、外勤工作、出具报告等一系列过程）及相关管理工作的质量；而狭义的审计质量则是指业务工作，也可以理解为审计项目的质量。根据美国政府问责局（Government Accountability Office，GAO）的定义，我们可以将审计质量理解为签字注册会计师依据审计准则制订与客户相关的审计计划，严格实施相应的审计程序，以获取充分恰当的审计证据，并对被审计单位的财务报告信息的准确性和公允性进行合理评估和判断。

具体到学术研究中，国内外学者对审计质量概念的理解和界定略有差异。具有代表性的学者观点是，审计质量是签字注册会计师发现并披露被审计单位会计系统的问题的联合概率。其中，签字注册会计师能否发现问题取决于他（她）的专业胜任能力，而是否披露其所发现的问题则取决于他（她）的执业独立性（De Angelo，1981）。也有学者将审计质量理解为，社会公众及投资者期望签字注册会计师发现被审计单位所披露的财务会计信息中可能存在的重大误报或者遗漏等问题，然后将这些问题进行合理纠正或者将其对外披露的可能性（Khurana and Raman，2004）。在国内，有学者认为，审计质量是会计师事务所及签字注册会计师的综合实力和人员素质、审计服务过程的质量，最终体现为审计结果输出时的审计服务产品的质量（张龙平，1994）。也有学者借鉴 De Angelo（1981）等学者的观点，将审计质量界定为会计师事务所及签字注册会计师的审计投入（如时间、精力、财力及物力等）、专业能力（如审计技术与方法等）、执业独立性（形式上及实质上的独立性）及职业操守（如秉承独立、恪守原则）等的联合乘积。本书关于审计质量的界定，主要采纳 De Angelo（1981）的观点，即审计质量是签字注册会计师发现并披露被审计单位财务报表漏报、错报或舞弊等问题的联合概率。

2. 审计质量的影响因素

在资本市场上，注册会计师审计作为一种专业性极强、人力资本密集型的服务性行业，其产品输出自然不同于一般的行业。故而，审计服务产品的质量自然受多方面因素的综合影响，但其中最主要的影响因素是审计服务的供求双方——签字注册会计师和被审计单位。

　　具体而言，对审计质量能够直接产生决定性影响的因素自然是审计服务的供给者——会计师事务所及签字注册会计师的综合资质，这其中不仅包含会计师事务所的规模、在行业内的综合排名及品牌声誉、内部人员的学历构成及行业领军人才的比重等，而且包括签字注册会计师的专业水平、受教育程度、与客户谈判的能力、执业经验积累、执业独立性及执业合法合规性等。

　　对审计质量能够直接产生重要影响的另一个关键因素自然是审计服务的需求者——被审计单位及其管理层的综合状况。这其中包括被审计单位的生产经营情况、财务状况及行业发展状况，这些是决定被审计单位财务报告风险水平的重要因素，直接决定着签字注册会计师审计的风险水平；也包括被审计单位管理层的综合素质，如在审计程序执行过程中是否能够对签字注册会计师给予足够的配合、是否会出现不合理的权力干预、是否会有意或无意地损害签字注册会计师的执业独立性，这些因素将影响注册会计师审计专业能力的正常发挥，左右签字注册会计师签发的审计意见的类型，进而最终影响审计服务的质量。

3. 审计质量的度量

　　从理论上讲，审计质量是无法直接观测的，学者一般都是通过可观测的审计结果（或审计行为）设定替代指标并对审计质量进行间接衡量。目前审计质量的替代衡量方法比较多，主要有操纵性应计（刘启亮、唐建新，2009；Chen et al.，2008；Lim and Tan，2010）、审计意见（吴溪、王晓、姚远，2010；Chen et al.，2010；Firth et al.，2011）、会计稳健性（Krishnan，2005；刘峰、周福源，2007；王兵、辛清泉，2010；Firth et al.，2012）、盈余反应系数（Gul et al.，2003）、财务重述（Chin and Chi，2009）、审计失败或审计失误（Palmrose，1988；谢盛纹、闫焕民，2014）等。根据已有学者的研究成果，本书主要采用修正 Jones 模型（Dechow et al.，1995）与 Kothari 等（2005）的模型来估计公司操纵性应计，并用其绝对值作为审计质量的替代度量，这是目前关于审计质量的实证研究文献中最常见的衡量方法之一。

其一，修正 Jones 模型的具体计算过程如下。

第一步，计算总应计（Total Accruals，TA）：

$$TA_{it} = NI_{it} - CFO_{it} \tag{3-1}$$

其中，TA_{it} 为 i 公司第 t 年的总应计；NI_{it} 为 i 公司第 t 年的净利润；CFO_{it} 为 i 公司第 t 年的经营活动产生的现金净流量。

第二步，计算非可操纵性应计（Non-discretionary Accruals，NDA）：

$$NDA_{it} = \beta_0 + \beta_1 \frac{1}{A_{it-1}} + \beta_2 \frac{\Delta REV_{it} - \Delta REC_{it}}{A_{it-1}} + \beta_3 \frac{PPE_{it}}{A_{it-1}} \tag{3-2}$$

其中，NDA_{it} 表示 i 公司第 t 年经过 $t-1$ 年年末总资产标准化处理的非可操纵性应计；ΔREV_{it} 表示 i 公司第 t 年的营业收入增加额，用以解释公司经营业绩和经济环境的变化对总应计的影响；ΔREC_{it} 表示 i 公司第 t 年的应收账款增加额；PPE_{it} 表示 i 公司第 t 年年末的固定资产，用来表示公司的资产规模；A_{it-1} 是 i 公司第 $t-1$ 年年末的总资产，各变量除以 A_{it-1} 是为了消除公司规模的影响。

公式（3-2）中的参数 β_0、β_1、β_2、β_3 使用行业截面数据通过公式（3-3）估计得到：

$$\frac{TA_{it}}{A_{it-1}} = b_0 + b_1 \frac{1}{A_{it-1}} + b_2 \frac{\Delta REV_{it}}{A_{it-1}} + b_3 \frac{PPE_{it}}{A_{it-1}} + \varepsilon_{it} \tag{3-3}$$

其中，b_0、b_1、b_2 和 b_3 分别是 β_0、β_1、β_2 和 β_3 的估计值；ε_{it} 是随机误差项。

第三步，计算可操纵性应计（Discretionary Accruals，DA）。

用总应计减去非可操纵性应计，即可得到代表盈余管理程度的可操纵性应计：

$$DA_{it} = \frac{TA_{it}}{A_{it-1}} - NDA_{it} \qquad\qquad (3-4)$$

其二，Kothari 等（2005）的模型在修正 Jones 模型的基础上，纳入资产收益率，即第一步的公式（3 - 1）与第三步的公式（3 - 4）不变，将第二步的公式（3 - 2）与公式（3 - 3）分别改为公式（3 - 5）与公式（3 - 6）。其中，ROA_{it} 表示 i 公司第 t 年的总资产报酬率，其他变量的定义同上。

$$NDA_{it} = \beta_0 + \beta_1 \frac{1}{A_{it-1}} + \beta_2 \frac{\Delta REV_{it} - \Delta REC_{it}}{A_{it-1}} + \beta_3 \frac{PPE_{it}}{A_{it-1}} + \beta_4 ROA_{it}$$

$$(3-5)$$

$$\frac{TA_{it}}{A_{it-1}} = b_0 + b_1 \frac{1}{A_{it-1}} + b_2 \frac{\Delta REV_{it}}{A_{it-1}} + b_3 \frac{PPE_{it}}{A_{it-1}} + b_4 ROA_{it} + \varepsilon_{it} \quad (3-6)$$

（二）签字注册会计师个体人口特征与度量

1. 人口特征的界定

从社会学及统计学的角度，人口特征是指在一定的区域范围内的人员构成的基本情况及其特征，包括人口的男女比例构成、不同阶段人口分布状况、人口接受教育情况、人口职业分布情况、人口自然增长率及流动情况等一系列的特征。具体到审计服务，在签字注册会计师审计及其结果的问题研究中，广大学者对签字注册会计师的个体人口特征的界定不像传统社会学及统计学范畴中的人口特征概念那样宽泛，而是通常基于审计学理论及学者的研究惯例，将签字注册会计师个体人口特征界定为签字注册会计师的性别、年龄、专业、受教育程度及政治面貌等能够体现签字注册会计师个体异质性的基本特征。

2. 人口特征的度量

关于签字注册会计师个体人口特征的度量需根据不同的基本特征类型分别予以量化。第一，关于签字注册会计师性别特征的度量。有学者根据审计报告中的两位签字注册会计师是否均为女（男）性，设定二分变量；有学者根据两位签字注册会计师至少有一位为女（男）性，设定二分变量；还有学者根据两位签字注册会计师的性别组合，即男男组合、男女组合和女女组合，设定变量。第二，关于签字注册会计师受教育程度的度量。有学者根据审计报告中的两位签字注册会计师是否至少有一位的学历为硕士及以上学历，设定二分变量；有学者将这一学历阈值设定为本科及以上学历，并设定二分变量；也有学者根据学历高低进行赋值。第三，关于签字注册会计师专业的度量。大多数的学者根据两位签字注册会计师中至少有一位的所学专业为审计、会计、财务管理或其他审计相近专业，设定二分变量。第四，关于签字注册会计师年龄特征的度量。有学者根据两位签字注册会计师中至少有一位的年龄为40岁及以上，设定二分变量；也有学者将这一阈值设定为其他年龄段，并相应设定二分变量。第五，关于签字注册会计师其他人口特征（如政治面貌及所内职位等）的度量大同小异，大都设定为二分变量。

（三）签字注册会计师个体执业特征与度量

1. 执业特征的界定

签字注册会计师个体执业特征一般是指签字注册会计师在为客

户提供审计服务的执业过程中所表现的行为活动特征。在原则上，签字注册会计师的个体执业活动必须遵从注册会计师审计准则和职业道德准则的规范和要求，恪守独立性，确保审计服务质量，从而切实有效地发挥注册会计师审计在会计信息鉴证、投资者利益保护等方面的积极作用。然而，在审计实务中，并非"师"皆如此。签字注册会计师在执业过程中，一方面基于审计行业监管部门与事务所自身的执业质量要求，以及事务所与签字注册会计师自身的声誉和品牌维护，需恪守独立性原则以保证审计服务质量；而另一方面基于被审计单位作为签字注册会计师"衣食父母"的客观事实，客户高管的不合理干预以及审计市场的激烈竞争等，又会诱致或迫使其削弱甚至丧失执业独立性。这些内外部复杂因素的交互融合，无疑会导致签字注册会计师执业行为呈现出"合规"抑或"违规"、"独立"抑或"合谋"、"直观"抑或"隐晦"等多元化特征，进而引发一系列关于审计服务质量与成效的重要问题。当然，在学术研究中，囿于研究方法或样本数据的可获得性，学者的研究不可能涵盖全部的个体执业特征，只能选取一些常见的个体执业特征作为切入点予以研究。本书以执业经验、执业集中度及客户重要性水平作为签字注册会计师个体执业能力及执业独立性的观测点，继而考察执业个体的执业特征对审计质量的影响。

2. 执业特征的度量

第一，关于签字注册会计师个体执业经验的度量。从理论上讲，签字注册会计师个体执业经验受执业年限、累计签发审计报告数量、客户规模、业务复杂度、事务所内部经验交流及行业技能培训等多方面因素的综合影响，丰富的执业经验有助于签字注册会计师的专业胜任能力的提高，降低审计失误甚至审计失败的概率。在实证研究中，对于签字注册会计师个体的执业经验，可借鉴刘笑霞和李明辉（2012）、原红旗和韩维芳（2012）等的研究方法，将签字注册会计师的执业年限、累计签发审计报告的数量等作为个体执业经验的替代度量，详见后文所述。

第二，关于签字注册会计师个体的执业集中度的度量。有学者依据签字注册会计师在某会计年度当年的签字情况进行衡量（Chin and Chi，2009；Zerni，2012）。但在我国审计市场上，已经收集和整理的年报审计报告及签字注册会计师数据显示，大多数的签字注册会计师在某会计年度、某一特定行业审计且签字的客户公司数量是1，而在不同年度的执业期间内审计的客户所属的行业有所不同。那么，依据 Zerni（2012）的方法计算出来的签字注册会计师个体在某会计年度某行业的执业集中度的数值也大都等于1，这样根本无法体现不同签字注册会计师在执业集中度方面的异质性，即该方法不适合我国具体的审计市场环境。所谓执业集中度，究其本质即签字注册会计师对某一行业的客户进行重复审计工作而形成的特定审计经验，它体现了签字注册会计师在其整个执业过程中的经验积累，而不仅限于某会计年度当年（闫焕民，2015）。故而，可借鉴吴溪（2009）、原红旗和韩维芳（2012）的度量方法，根据我国审计市场特征对行业市场份额法予以改进，对执业集中度进行度量，详见后文所述。

第三，关于签字注册会计师个体的客户重要性水平的度量。通常，客户重要性水平反映了会计师事务所及签字注册会计师对客户的经济依赖程度。对于签字注册会计师个体层面的客户重要性水平的度量，往往参照已有研究在衡量会计师事务所的客户重要性水平时采用的计算方法：一是，某一客户的资产对数除以该签字注册会计师全部客户的资产对数之和；二是，某一客户的审计收费对数除以该签字注册会计师全部客户的审计收费对数之和。这两种测度方法的经济学本质是相同的，详见后文所述。

二　签字注册会计师个体特征与审计质量之间关系的理论依据

（一）高层梯队理论

高层梯队理论（Upper Echelons Theory）最早由 Hambrick 和 Mason（1984）提出，即利用统计学中的人口特征概念及其差异性分析公司管理层人员的特征与企业绩效之间的关系，研究结果发现，公司管理层人员的认知水平、个人背景及价值观念等特征会影响公司的战略选择及企业绩效。之后，高层梯队理论被陆续拓展至管理层异质性、过度自信与公司治理及公司绩效等方面的相关研究。

总体而言，高层梯队理论的基本观点是，由于组织内外部环境的复杂性，管理者无法对各方面的相关知识都有所了解和掌握。也即，在管理者视野范围内的事项，他们只能有选择性地进行观察和决策，但这种选择和决策的过程都不可避免地会受到管理者个体的认知结构、价值观念及其对相关信息的解读能力的影响。简言之，管理者个体特征会影响组织战略选择及决策效率，进而影响组织绩效。对于注册会计师审计服务而言，道理亦是如此。签字注册会计师作为审计服务委托代理关系的中间桥梁，在监督和评价经营者的经营结果、降低会计信息不对称性、保护投资者利益等方面发挥着不可忽视的重要作用。这一中介作用的发挥取决于签字注册会计师的执业过程及其质量，审计结果的形成与输出过程与签字注册会计师个体的基本特征相关。这些基本特征不但包括注册会计师个体的性别、专业背景、受教育程度、在会计师事务所内的职务级别等人口特征，而且包括签字注册会计师个体的执业经验、执业集中度及客户重要性水平等执业特征。这些源自签字注册会计师个体的人口特征及执业特征都会直接或间接地影响其执业独立性和专业胜任能力，进而影响审计服务的质量。

（二）学习效应理论

从经济学的角度讲，学习效应一般是指经济活动中的经验积累导致单位成本的下降或者具体业务中协同效应的发挥。具体到生产经营活动中，学习效应则是指工作技术人员或者经理人等在长期生产过程中不断积累产品生产、技术设计以及管理工作经验，通过增加产量来降低长期平均成本。对于智力密集型的注册会计师审计而言，学习效应体现为注册会计师个体学习曲线的改善，节约重复学习成本。在审计实务中，签字注册会计师个体在连续执业过程中的经验积累，以及他们在某些特定行业里集中执业而形成的执业集中度，都是这种学习效应的具体表现。此外，学习效应的扩大还会逐步增强会计师事务所乃至整个注册会计师审计行业获取知识和积累知识的能力。

具体而言，签字注册会计师个体的经验积累，尤其是其在某些特定行业的执业过程中的经验积累，可以使其掌握大量同一行业或相近行业的企业的经营特点及其产品的生产流程，包括这些企业的共同信息和各个企业特有的信息，通过行业（及相近行业）特征这一纽带，形成一个相关行业的巨大知识集合，最终体现为一种执业行为的执业集中度特征。签字注册会计师个体在特定行业的连续执业过程中不断积累和掌握技术与知识，反过来，这些技术与知识也会对其审计业务活动产生影响。这种知识和信息的聚集可以形成规模经济式的报酬递增，也即学习效应与规模报酬递增效应是相互融合、相互影响、相互促进的。

此外，审计专业知识作为一种典型的公共品，其公共品性质决定了其"越用越多"的特点，虽然复制这种知识的成本几乎为零，但其潜在的价值很高。换言之，签字注册会计师集中在某些行业进行执业活动的潜在学习效应是很可观的。"干中学效应"在签字注册会计师审计职业生涯中可以连续发挥，使其对特定行业的各种风险领域、会计规则和财务报告要求等方面的认识会比其他审计人员更加深刻，自然也更擅长发现和解决这个行业的具体会计、审计问题，进而可以不断地更新审计技术与方法，提高审计工作的效率与效果，进而在确保审计服务质量的同时，形成与规模无关的成本优势。更为重要的是，在不同的审计服务提供者之间，知识溢出效应的存在还可以使不同服务提供者的审计服务质量产生差异性和辨识度，提升签字注册会计师及其会计师事务所在审计市场上的声誉和品牌影响力。

（三）资产专用性理论

资产专用性（Asset-specific）概念最初源于经济学领域关于人力资本的研究。早在 19 世纪 70 年代左右，奥利弗·威廉姆森（Oliver Williamson）在分析纵向一体化相关问题时使用了资产专用性概念，标志着资产专用性理论的正式提出。具体来说，专用性资产通常是为了服务于某些经济活动而进行的持久性或沉没性投资，这种投资一旦形成便被限定在与该经济活动相关的特定经营领域，或者被锁定在某一特定形态之上而很难转作他用，或者在转作他用时价值大大降低。

按照 Klein、Crawford 和 Alchian（1978）提出的与资产专用性相关的可挤占准租金概念，资产的专用性越强，其所带来的可挤占准租金就越多。对审计而言，签字注册会计师在为客户提供初始审计服务过程中，为充分了解客户的经营环境及财务状况等而进行大量人力和物力投资，这些针对特定客户的投资一旦形成，便很难转作他用或者转作他用后的价值会大跌。换言之，这种专用性资产的价值在事后严重依赖签字注册会计师与客户之间的业务关系，于是就产生了准租金，而且这种准租金与签字注册会计师紧密相关，当他们之间不能实现纵向一体化时，就需要选择其他途径，从而实现了另一种意义的整合，即签字注册会计师拥有实质上的控制权（王少飞等，2010）。也即，基于签字注册会计师的个人"努力"而形成的与资产专用性相关的可挤占准租金越多，签字注册会计师相比会计师事务所对客户续聘与否的作用力就越大，就越有可能掌握客户资源的控制权。这种控制权的存在与归属会使签字注册会计师个体的执业特征对审计质量产生十分重要的影响，比如签字注册会计师个体对重要客户的经济依赖会影响审计独立性。

（四）"深口袋"理论

所谓"深口袋"，通常是指当投资者根据经签字注册会计师审计的公司财务报告信息进行决策而遭受损失，在公司破产或没有能力偿还债务时，往往会将矛头指向签字注册会计师，有理由或无理由地埋怨其审计失误甚至审计失败，进而期望从签字注册会计师及其所在的会计师事务所获得一定的经济补偿。因此，签字注册会计师作为自负盈亏的"经济人"，虽然赚取经济利润是他们最直接且最重要的目标之一，但其前提条件必须是合法合规且风险在可接受范围之内，控制经营风险也是非常必要且重要的。

具体而言，作为理性"经济人"，会计师事务所的执业质量监管人员及负责项目审计的签字注册会计师都会考虑客户的风险，不能因为过度依赖和重视某一客户而放弃本应坚守的独立性原则，否则

将导致项目审计失败。一旦审计失败，轻则被处以罚款或吊销个人
执业资格，重则被追究个人刑事责任甚至殃及其所供职的会计师事
务所，导致会计师事务所声誉受损。绿大地"绊倒"了深圳鹏城会
计师事务所，万福生科"终结"了中磊会计师事务所，这都是最鲜
明的实例。简言之，根据"深口袋"理论，既然会计师事务所及签
字注册会计师通常是投资者因决策失误而遭受损失时的矛头直指对
象，那么，作为"百年品牌老店"的国际"大所"或者国内综合排
名靠前的大型会计师事务所，更容易受到"深口袋"效应的冲击。
因此，它们在依赖客户的同时，也会重视客户风险，而且具有较强
的动机来约束签字注册会计师的机会主义行为，并对重要客户保持
较高的谨慎性和独立性，减少客户经济依赖对审计质量的不利影响，
从而确保执业质量以维护自身的行业声誉，这与声誉保护假说也是
吻合的。

三　签字注册会计师个体特征与
审计质量之间关系的分析

（一）个体人口特征与审计质量之间关系的分析

审计作为一项智力密集型的工作，签字注册会计师个体的人口
特征无疑会影响其行为决策及执业质量。结合本书主要研究内容，
下面分别以签字注册会计师的教育经历（学历及专业）、性别、年龄
等基本特征为切入点，分析这些人口特征与审计质量之间的关系。

1. 教育经历特征与审计质量

签字注册会计师个体的教育经历反映了其对审计职业相关基本
知识的学习和掌握情况，教育经历具体体现为个体的学历和所学专
业。其中，对于学历而言，签字注册会计师个人的学历体现了其受

教育程度的高低，而受教育程度的高低往往会对个人接受新方法、新技术、新事物的能力产生影响，对个体判断的准确性与决策的有效性产生差异化的影响。对于专业而言，签字注册会计师审计无疑是一种专业性极强的鉴证服务，而签字注册会计师审计专业技能的获取通常有两个阶段——知识性阶段和程序性阶段。其中，知识性阶段是学习审计基本知识和原理的阶段，主要在大专院校的会计、审计等相关课程学习中完成；程序性阶段则是学习具体审计业务的执行所需要的技术与技能的阶段。也即，个体所学专业与其专业技能紧密相关，拥有专业背景的签字注册会计师更易发挥审计专家的功能，降低被审计单位财务报告错误或舞弊的概率，进而保障审计服务质量。

2. 性别特征与审计质量

对于签字注册会计师的性别特征对审计质量的影响方面的研究大都缘起于社会学和心理学的相关理论研究，即男女两性在风险规避态度方面存在较大的差异。例如，较多学者的研究发现女性往往比男性更加厌恶风险、更加谨慎；但在具体的审计业务中，男性签字注册会计师相比女性签字注册会计师在审计判断方面可能更具优势（叶琼燕、于忠泊，2011）。目前，签字注册会计师的性别特征对审计质量的影响是一个开放性的问题，国内学者在这方面的研究较少且与国外学者研究结论有所差别。但需要注意的是，对该问题的研究既要借鉴社会学及心理学的相关研究，又要注重我国特定的文化氛围及社会背景。

3. 年龄特征与审计质量

签字注册会计师的年龄对审计业务质量产生影响的两种可能路径：其一是年龄会影响个人的精力充沛程度；其二是年龄会影响个人的经验积累。具体而言，第一，签字注册会计师审计工作主要包括接受业务委托、外勤工作和形成审计结论。外勤工作是其中非常重要的环节，这不但是一项脑力劳动，而且是一项体力劳动。这一环节工作的顺利开展及任务的完成需要团队成员充沛精力的保证。然而，一个人的精力充沛程度与年龄是有着密切关系的，签字注册会计师亦不例外。第二，较为年轻的签字注册会计师虽拥有精力方面的优势，但也存在审计经验方面的劣势。因为年轻的签字注册会计师经历的审计业务项目数量整体上相对较少，从中积累的专业技能和审计技术不够丰富。由此，签字注册会计师的年龄与审计质量的关系尚且不能断定，有待实证分析和检验。

（二）个体执业特征与审计质量之间关系的分析

在签字注册会计师个体层面对审计质量产生影响的因素除了签字注册会计师个体的人口特征之外，还包括签字注册会计师的执业特征。更为重要的是，签字注册会计师的人口特征对审计质量产生影响的基本作用路径是其执业活动，也即执业个体人口特征的影响作用需要通过个体的执业特征间接地反映和体现。故而，探讨签字注册会计师个体的执业特征对审计质量的影响具有重要的理论意义和实际价值。

1. 执业经验与审计质量

签字注册会计师个体的执业经验对审计质量产生影响的作用机理：个体执业经验反映了专业胜任能力，这是影响审计质量的关键因素之一。具体而言，注册会计师审计作为一种智力密集型的中介服务，从接受业务到外勤工作，再到形成审计结论，这一审计过程中的具体计划的制订与实施、审计谈判及审计报告类型的确定，都与注册会计师个体的执业经验有着直接或间接的联系。事实上，这种执业经验的逐渐形成和不断积累就是"学习效应"的体现，这与签字注册会计师个体的专业胜任能力的培养密切相关。通常，签字注册会计师个体的执业经验越丰富，专业胜任能力也越强，越能准确地把握客户的风险水平，制定更为恰当且合理的审计策略与审计计划，降低审计失误或审计失败的可能性，确保审计质量。而且，丰富的个人执业经验有助于签字注册会计师更高效地处理被审计单位管理层提供的财务报告数据信息与签字注册会计师的预期判断信息及其获得的审计证据信息之间的差异情况，进而制定恰当的补充测试程序（Earley，2002），并在此过程中有效应对或摆脱客户管理层的权力干预或解聘威胁等可能损害执业独立性的不利因素，确保审计服务质量。

2. 执业集中度与审计质量

从理论上讲，签字注册会计师个体的执业集中度一般是指签字注册会计师的客户主要集中分布在某一个或某几个行业，在对这些特定行业客户的审计过程中，其不断进行行业知识的学习和审计经验的积累，并通过"学习效应"逐渐培养与该行业相关的审计专长。也即，在某种意义上，签字注册会计师个体的执业集中度也是其在某些特定行业中个体执业经验的体现，是其专业胜任能力的重要构成部分。

签字注册会计师个体的执业集中度对审计质量产生影响的作用机理：个体的执业集中度体现了其在某特定行业中的审计专业胜任能力，这是影响审计质量的关键因素之一。简单地讲，个体的执业集中度较高时，不仅有助于签字注册会计师更加准确地识别该行业内的客户风险水平，降低其审计的财务报告错报或舞弊的可能性，确保审计质量（Taylor，2000；Chin and Chi，2009）；而且，执业个体的执业集中度也是签字注册会计师与客户进行审计定价及审计谈判的重要砝码（Zerni，2012）。不可忽略的是，签字注册会计师个体的执业集中度越高意味着其在某特定行业的"投资"越大，由此产生的资产专用性也越强。这种专用性资产的价值在事后严重依赖签字注册会计师与该行业客户之间的业务关系，可能会对执业独立性产生或多或少的影响。

3. 客户重要性水平与审计质量

众所周知，对审计独立性产生怀疑或担忧的根源在于被审计单位是签字注册会计师"衣食父母"的客观现实。签字注册会计师个体的客户重要性水平对审计质量产生影响的作用路径：客户重要性水平反映了签字注册会计师个人对该客户的经济依赖程度，这将影响执业独立性，进而影响审计质量。

具体而言，客户重要性水平对审计质量可能产生两个方向的作用。其一是负向作用，签字注册会计师是纯粹的"经济人"，而不是免费的"经济警察"，这一本质使其无法摆脱对客户的经济依赖。签字注册会计师个体对重要客户的经济依赖度越高，获得的与该客户相关的经济租金及利润也就越多，寻求连任的动机也就越强烈。如此一来，其被客户"经济绑架"的概率也就越大，客户管理层也更容易向签字注册会计师施加压力，要求其在盈余管理或者审计意见方面给予配合，这无疑将损害签字注册会计师的执业独立性并最终影响审计质量。其二是正向作用，客户重要性水平越高，意味着签字注册会计师个人或其所在会计师事务所分支机构对该客户的重视程度越高，事务所管理当局会为这种经济重要客户分派执业经验更加丰富的审计经理和复核审计师，以确保审计服务的质量。因为，根据"深口袋"理论，对于经济重要客户一旦出现审计失败，将对签字注册会计师个体及其所在的会计师事务所产生更大的经济损失、声誉损失及其他负面影响。

第四章　签字注册会计师个体的人口特征与审计质量之间关系的实证检验

　　根据前文的文献回顾可知，部分学者的研究认为签字注册会计师的性别、年龄、教育经历及政治面貌等基本的人口特征可能会对审计策略的制定、审计计划的实施、审计谈判与调整、最终审计产品的输出及其质量产生影响。然而，从国内外学者研究的结论来看，签字注册会计师个体的人口特征对审计质量产生的具体影响究竟如何，整体上并未达成一致，甚至在某些方面出现了截然相反的研究结论，如签字注册会计师的教育经历、年龄和性别与审计质量之间存在或正或负的相关关系。只有其中一点，学者研究的观点基本一致，即签字注册会计师的政治面貌只是一种政治信仰倾向，这一特征并不会直接导致签字注册会计师执业能力或执业独立性的本质变化，因此可能不会对审计质量产生直接的影响。本书认为，诸位学者对于签字注册会计师个体的人口特征与审计质量之间的关系研究未能达成一致或许是因为研究视角、样本选取、变量界定、研究方法及法制背景等因素存在差异。鉴于此，本书拟从审计质量、审计意见或财务重述等视角，对签字注册会计师个体人口特征与审计质量之间的关系进行研究。

一　理论分析与假设提出

注册会计师审计是一项"以人为本"、特点鲜明的工作，执业个体的人口特征无疑会影响其行为决策及执业质量。具体而言，本书主要探讨签字注册会计师个体人口特征中的教育经历、性别及年龄等基本特征。

1. 教育经历特征与审计质量

依据《中华人民共和国注册会计师法》（以下简称《注册会计师法》），注册会计师从事公司财务报告审计、验资或会计咨询等相关业务的前提条件是依法获取注册会计师证书，而且需在我国境内从事审计业务工作满两年，方可在审计报告书上签字。我国财政部和证监会联合出台的《关于注册会计师执行证券、期货相关业务实行许可证管理的暂行规定》也明确要求，注册会计师必须取得执行证券、期货相关业务许可证方可从事公司财务报告审计等相关业务。目前，在我国获取注册会计师证书的唯一途径就是参加全国统一考试，而参加这一考试的资格标准是具备专科及以上学历或者拥有会计或相关专业的中级及以上技术职称。这就意味着，签字注册会计师的审计工作与执业个体的学历或专业等教育经历是密切相关的。

进一步地，对于学历而言，签字注册会计师的学历是其在官方认可的教育部门接受系统、科学的知识学习和技能训练的过程与经历，学历体现了其受教育程度的高低；而受教育程度的高低往往会对执业个体的行为决策产生一定的影响。通常，执业个体受教育程度越高，就越容易接受新知识、新思想和新事物，越容易适应不断发展变化的工作环境，收集和整理决策有用性信息的能力也越强，风险识别和控制的能力也越强，决策过程出现判断偏差的概率就越低，决策的针对性和有效性也就越高，执业质量自然也就越高。

对于专业而言，注册会计师审计无疑是一种专业性极强的鉴证服务，签字注册会计师的专业胜任能力直接决定着其发现被审计单位财务报告中可能存在错误或舞弊的概率，进而决定着最终审计报告的质量。而签字注册会计师审计专业技能的获取通常有两个阶段：知识性阶段和程序性阶段。其中，知识性阶段是学习审计基本知识和原理的阶段，这主要在大专院校的会计、审计等相关课程的学习中完成，即与前面所述的学历挂钩；程序性阶段则是学习具体项目审计业务的执行所需要的技术与技能的阶段，这不但需要学习学校课程，而且需要在实际工作中磨炼与积累经验。也即，个体所学专业与其专业技能紧密相关，决定着个体的知识层次和结构，进而影响着审计决策的效率和效果。具体到审计业务实践中，拥有专业背景的签字注册会计师更易发挥审计专家的功能，降低被审计单位财务报告错误或舞弊的概率，进而保障审计服务质量。基于上述分析，提出本书的假设4-1和假设4-2：

假设4-1：限定其他条件，签字注册会计师的学历越高，审计质量越高；

假设4-2：限定其他条件，签字注册会计师所学专业与财务会计越相关，审计质量越高。

2. 性别特征与审计质量

对于签字注册会计师的性别特征对审计质量的影响，有学者认为女性比男性在发现财务报告错误或舞弊的能力更强，审计质量相对更高（Chin and Chi, 2009；施丹、程坚，2011）；但也有学者持不同观点，认为男性签字注册会计师的审计质量相对更高，或者认为性别差异在财务报告的风格及审计报告的质量方面体现得并不明显（Bamber and Jiang，2010）。事实上，此类学者的研究及其观点皆缘起于社会学和心理学的相关理论研究，即男女两性在风险态度方面存在较大差异，如较多学者的研究发现女性往往比男性更加厌恶风险（Fellner and Maciejovsky，2007），在多数情况下可能更加谨慎；但在具体的审计业务中，相比女性签字注册会计师，男性签字注册会计师在审计判断方面可能更具优势（叶琼燕、于忠泊，2011）。总而言之，签字注册会计师的性别特征对审计质量的影响目前还是一个开放性的问题，国内学者在这方面的研究较少且与国外学者的研究结论有所差别。本书认为，对该问题的研究，既要借鉴社会学及心理学的相关研究，又不能忽略我国传统文化特色，比如相比西方人，中国人深受儒家思想影响，更倾向于中庸保守和内敛含蓄。换言之，在我国特定的文化氛围及背景下，对签字注册会计师性别特征与审计质量之间的关系研究可能会得出不同于西方学者的研究结论，但这一关系究竟是怎样的，这有待检验。鉴于此，本书提出竞争性假设4－3：

假设4－3a：限定其他条件，女性签字注册会计师的审计质量相对更高；

假设4－3b：限定其他条件，男性签字注册会计师的审计质量相对更高。

3. 年龄特征与审计质量

通常，签字注册会计师审计工作主要包括接受业务委托、外勤工作和形成审计结论。其中，外勤工作是非常重要的环节，这不但是一项脑力劳动，而且是一项体力劳动，需要参与具体项目审计的团队成员在有限的时间内收集足够充分且恰当的审计证据，以便为审计判断和审计结论的最终形成提供可靠的依据。这一环节工作的顺利开展及任务的完成需要团队成员充沛精力的保证。一般来讲，较为年轻的签字注册会计师的精力往往更加充沛，能够承受的工作强度和压力通常也更大，而且他们接受新事物、学习新知识、掌握新技术的速度也较快，能够更快地适应不断发展变化的注册会计师审计准则和公司财务报告准则，进而因地制宜地应用最新的审计技术与方法，保障审计工作的顺利开展和审计结果的质量。当然，不能忽略的是，较为年轻的签字注册会计师虽拥有精力方面的优势，但也存在审计经验方面的劣势。相比年长的签字注册会计师，他们经历的审计业务项目数量较少，积累的专业技能和审计技术不够多，而且他们识别和应对被审计单位财务报告风险的态度不够认真和能力不够强，对审计策略的制定与审计计划的实施程序的设计不够全面和完善。这些都可能导致年轻的签字注册会计师比年长的签字注册会计师在审计质量保障方面略显逊色。综上可知，签字注册会计师的年龄特征与审计质量的关系尚且不能断定，有待实证分析和数据检验。故此，提出竞争性假设4-4：

假设4-4a：限定其他条件，签字注册会计师的年龄与审计质量负相关；

假设4-4b：限定其他条件，签字注册会计师的年龄与审计质量正相关。

二　变量定义与模型构建

（一）变量定义

1. 审计质量

鉴于审计质量难以直接观测，本书遵照研究惯例并借鉴已有的优秀研究成果，将在主测试部分采用修正Jones模型计算的可操纵性应计绝对值作为审计质量的替代度量（刘启亮、唐建新，2009；

Chen et al., 2010；Firth et al., 2011），详见前文所述。

2. 人口特征

本书研究的签字注册会计师个体的人口特征主要包括签字注册会计师的教育经历、性别和年龄等。根据本书收集和整理的近十年来我国上市公司年报签字注册会计师的人口特征数据①，分别从教育经历、性别和年龄三个方面进行相关信息的汇总，然后根据审计实际情况对相关变量的界定标准与度量方法进行详细说明。

（1）教育经历

本书将签字注册会计师个体的教育经历划分为学历和专业两个方面。

首先，针对签字注册会计师的个人学历，图 4 – 1 和图 4 – 2 分

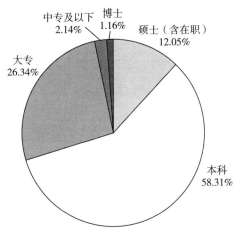

图 4 – 1 学历构成

---

① 需要说明的是，本书收集与整理 2004～2013 年我国上市公司年报签字注册会计师个体的人口特征数据主要依据中国注册会计师协会的行业信息披露系统，并以百度百科等权威网站信息为补充，最终收集到绝大部分签字注册会计师的人口特征数据。然而，由于某些特殊原因，仍不可避免地存在少数签字注册会计师的个人信息缺失或不准确的情况，比如某些签字注册会计师在中国注册会计师协会行业信息披露系统中的统计信息不完整、被吊销执业资格、已经离世等。但这在整体上并不会对本书的数据统计及实证分析造成实质性的影响。

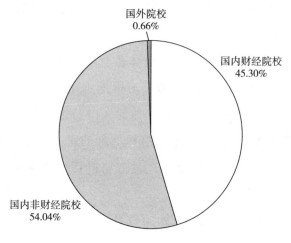

图 4 - 2　毕业院校

别展示了所有年报签字记录中不同学历的注册会计师的签字数量所占比例及个人毕业院校情况。从图 4 - 1 可以看出，在所有年报签字记录中，本科学历的签字注册会计师约占 58.31%，大专学历的签字注册会计师约占 26.34%，博士学历的签字注册会计师约占 1.16%；总体而言，本科及以上学历的签字注册会计师的签字记录所占比例约为 71.52%，这说明我国注册会计师行业人员的学历水平整体较高，为审计服务提供了基础性保障。从图 4 - 2 可以看出，在所有签字记录中，近半数的签字注册会计师毕业于国内财经院校，具有国外留学经历的注册会计师的签字比重较低，这表明在我国注册会计师行业"做大做强，走出国门"的进程中，从业人员队伍的国际化拓展有待加强。

其次，针对签字注册会计师个人所学的专业，图 4 - 3 和图 4 - 4 分别反映了所有年报签字记录中，不同专业的注册会计师的签字数量所占比例和审计搭档的专业组合情况。从图 4 - 3 可以看出，在所有签字记录中，经济类专业出身的注册会计师的签字比例达到 93.07%，其中会计审计类专业出身的签字比例超过 2/3，财务相关专业的签字数量所占比例约70%。[①] 从图4-4可以看出，在年报审计报告上签字的两位注册会计师的专业组合方面[②]，两位财务专业搭

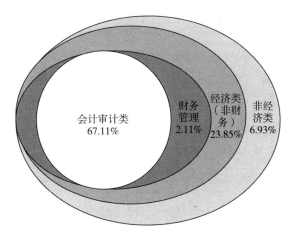

图4-3　专业构成

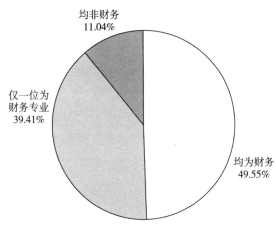

图4-4　专业组合

---

① 本书界定的会计审计类专业主要包括会计、审计、注册会计师、会计电算化、财务会计、工业会计、商业会计等与会计、审计直接相关的专业；财务相关专业包括会计审计类、财务管理及财务学等相关专业；经济类（非财务）专业主要包括金融学、管理学及投资学等相关专业；非经济类专业是指农学、医学、社会学、物理学等与经济活动无直接关联的专业。
② 我国上市公司年报的审计报告中签字注册会计师人数绝大部分都是两位，少数情况下存在第三位注册会计师，为便于分析，本书在考察签字注册会计师的专业组合时，主要考虑前两位签字注册会计师的专业情况。同理，后文关于签字注册会计师的性别组合、年龄差等特征的分析，也是主要考虑前两位签字注册会计师。

档审计的签字比例近50%，一位财务专业与一位非财务专业搭档审计的签字比例为39.41%，两位非财务专业搭档审计的签字比例约为11%；换言之，近89%的审计搭档中至少包含一位财务专业出身的注册会计师。

根据上述分析，结合我国上市公司审计的实务情况并遵照研究惯例，本书从签字注册会计师个体的学历和专业两个方面，对相关变量进行设定与赋值。在主测试部分，对于学历（DEG），若两位签字注册会计师中至少有一位的学历为本科及以上学历，则 DEG 取值为1，否则取值为0；对于专业（MAJ），若两位签字注册会计师中至少有一位的所学专业为财务会计相关专业，则 MAJ 取值为1，否则取值为0。在进一步测试中，若两位签字注册会计师均为本科及以上学历，则 DEG 取值为1，否则取值为0；若两位签字注册会计师均为财务会计相关专业，则 MAJ 取值为1，否则取值为0。

（2）性别

图4-5和图4-6分别描述了所有年报签字记录中女性注册会计师的签字比例及审计搭档的性别组合情况。从图4-5可以看出，

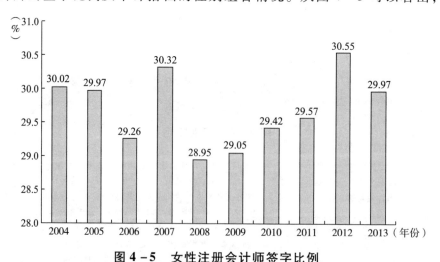

图4-5　女性注册会计师签字比例

在 2004 年至 2013 年十年期间，女性注册会计师的签字比例平均约为 29.7%，在 2008 年和 2012 年分别出现最低值（28.95%）和最高值（30.55%），各年份之间的差异很小。换言之，在我国上市公司年报审计市场中，女性注册会计师签字比例约占三成且较为稳定。从图 4-6 可以看出，在年报审计报告中签字的两位注册会计师的性别组合方面，两位男性注册会计师搭档审计的签字比例为 49.99%，一男一女搭档审计的签字比例为 40.55%，两位女性注册会计师搭档审计的签字比例为 9.46%。换言之，在所有的审计报告签字记录中，两位注册会计师中至少包含一位女性的签字比例略超 50%。

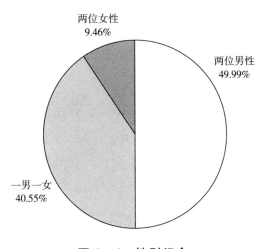

图 4-6　性别组合

根据上述审计实际情况并遵照研究惯例，本书对签字注册会计师个体的性别特征进行变量设定与赋值。在主测试部分，本书将签字注册会计师个体的性别（GEN）界定为：若两位签字注册会计师中至少包含一位女性，则 GEN 取值为 1，否则取值为 0。在进一步测试中，将性别（GEN）界定为：若两位签字注册会计师均为女性，则 GEN 取值为 1，否则取值为 0。

（3）年龄

图 4 - 7 和图 4 - 8 描述了我国上市公司年报审计报告的签字注册会计师的年龄情况。从图 4 - 7 可以看出，近十年间，在审计报告书上签字的两位注册会计师的平均年龄整体呈上升趋势，从 2004 年的平均年龄约 28 岁到 2013 年的平均年龄近 41 岁，大约增长了 13 岁。此外，近十年间的相关统计数据显示，审计报告中两位签字注册会计师的平均年龄约为 39.67 岁。从图 4 - 8 可以看出，在审计报

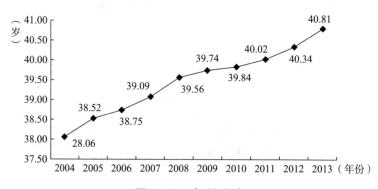

图 4 - 7　年龄分布

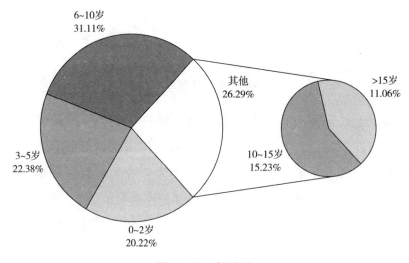

图 4 - 8　年龄差

告书上签字的两位注册会计师之间的年龄差大都在 10 岁以内（约占
73.71%），其中年龄差在 0 ~ 2 岁、3 ~ 5 岁的分别占 20.22% 和
22.38%，年龄差在 6 ~ 10 岁的约占 31.11%。此外，近十年间的相
关统计数据显示，在上市公司审计报告中签字的两位注册会计师之
间年龄差的平均值约为 7.79 岁。

上述是关于我国上市公司审计市场的实际情况的分析，本书
对签字注册会计师个体的年龄特征（*AGE*）的界定方法是：在主
测试部分，将两位签字注册会计师中年龄较大者作为替代度量；
在进一步测试中，将两位签字注册会计师的年龄均值作为替代
度量。

3. 其他变量

本书借鉴 Balsam 等（2003）、刘启亮和唐建新（2009）等的研
究经验，结合本书研究议题，在检验模型中纳入其他可能影响审计
质量的因素。这主要包括公司基本层面的因素，如公司规模
（*SIZE*）、财务状况（*DEBT*）、现金流状况（*CASH*）、经营业绩状况
（*LOSS*）、资产流动性（*AL*）、资产周转率（*AT*）、公司成长性
（*GROW*）及公司市场价值（*TQ*）；公司治理层面的因素，如独立董
事比例（*INDD*）、监事会规模（*SUPV*）、管理层权力集中度
（*CONC*）及管理层效率（*MAGF*）；会计师事务所层面的因素，如会
计师事务所规模（*BIG*）、事务所任期（*TENFIRM*）；此外，还包括
行业虚拟变量（*IND*）、年度虚拟变量（*YEAR*），以控制行业与年度
因素的影响（见表 4 - 1）。

表 4 - 1　变量定义

变量类别	变量名称	变量符号	变量说明
被解释变量	审计质量	∣ *DA* ∣	可操纵性应计的绝对值

续表

变量类别	变量名称	变量符号	变量说明
解释变量	学历	DEG	签字注册会计师的学历
	专业	MAJ	签字注册会计师所学的专业
	性别	GEN	签字注册会计师的性别
	年龄	AGE	签字注册会计师的年龄
控制变量	公司规模	SIZE	总资产的自然对数
	财务状况	DEBT	资产负债率
	现金流状况	CASH	每股现金净流量
	经营业绩状况	LOSS	经营亏损取值为1，否则取值为0
	资产流动性	AL	资产流动比率
	资产周转率	AT	总资产周转率
	公司成长性	GROW	总资产增长率
	公司市场价值	TQ	公司市场价值与重置成本之比
	独立董事比例	INDD	独立董事人数与董事会人数之比
	监事会规模	SUPV	监事会人数与董事会人数之比
	管理层权力集中度	CONC	董事长与总经理兼任取值为1，否则取值为0
	管理层效率	MAGF	管理费用率
	事务所规模	BIG	国际"四大"会计师事务所取值为1，否则取值为0
	事务所任期	TENFIRM	会计师事务所累计审计年数
	年度虚拟变量	YEAR	年度虚拟变量
	行业虚拟变量	IND	行业虚拟变量

（二）模型构建

1. 单个方面人口特征与审计质量的初步检验模型

$$|DA| = \alpha_0 + \alpha_1 CHR + \sum \alpha_{i+1} X + \varepsilon \qquad (4-1)$$

其中，被解释变量｜DA｜表示可操纵性应计的绝对值，用以衡量审计质量；主要解释变量 CHR 表示签字注册会计师个体的人口特征，即分别将教育经历（DEG、MAJ）、性别（GEN）、年龄（AGE）三个方面的人口特征变量纳入检验模型，以检验某一方面的人口特征对审计质量产生的影响；X 表示控制变量组合，主要包括公司基本层面、公司治理层面及会计师事务所层面可能会对审计质量产生影响的一些因素（见表 4 - 1）。

2. 整合人口特征与审计质量的进一步检验模型

$$| DA | = \alpha_0 + \alpha_1 DEG + \alpha_2 MAJ + \alpha_3 GEN + \alpha_4 AGE + \sum \alpha_{i+4} X + \varepsilon$$

$$(4 - 2)$$

其中，被解释变量｜DA｜表示可操纵性应计的绝对值，用以衡量审计质量；主要解释变量为学历（DEG）、专业（MAJ）、性别（GEN）、年龄（AGE）；X 表示控制变量，同式（4 - 1）。

三　实证分析与结果描述

（一）样本选择

本书选取 2007 年至 2013 年我国沪深两市的 A 股上市公司及其财务报告主审会计师事务所、签字注册会计师为研究样本。[①] 样本公司财务数据主要来源于 CSMAR 数据库与 Wind 数据库，然后依据各公司年度财务报告披露的会计师事务所及签字注册会计师信息

---

① 本书研究样本区间的选取规则：财政部颁布的新《企业会计准则》于 2007 年 1 月 1 日在上市公司率先施行，为避免新旧准则差异对本书研究可能造成的影响，故使样本区间始于 2007 年。

对数据库中存在的会计师事务所及签字注册会计师的缺失情况进行手工填补，并对会计师事务所名称及签字注册会计师姓名书写错误和重名等情况进行逐一更正。签字注册会计师的人口特征数据主要是依据中国注册会计师行业管理信息系统，并辅以百度百科等权威网站信息，进行手工搜集与整理而得到的；执业特征是依据签字注册会计师个人的审计签字记录进行手工整理与计算而得到的。在此基础上，遵照学者研究惯例，对初始研究样本进行筛选处理（见表4－2）。[①]

表4－2　样本筛选过程

2007～2013 年	样本量（个）
初始样本	14337
剔除：金融、保险业	244
观测年度 IPO	1052
主要财务数据缺失及年度行业观测值小于15	581
未披露签字注册会计师姓名	54
首尾 1% 截尾处理	248
剩余研究样本	12158

注：首尾 1% 截尾处理是指在被解释变量｜DA｜的 1% 和 99% 分位点进行截尾处理，以避免极端异常值可能产生的影响。

如表4－2所示，在对初始研究样本进行筛选处理之后，剩余样本量为12158个。本书依据该样本对签字注册会计师的人口特征、执业特征与审计质量之间的关系进行实证研究。但需要说明的是，由于一些签字注册会计师在中国注册会计师协会行业信息披露系统

---

① 本书参照中国证监会《上市公司行业分类指引》对公司所属行业进行分类，其中制造业采取二级行业分类，其他行业采取一级行业分类。本书主要运用 Excel 2013 和 Stata 13.0 进行数据处理和统计分析。

中的个人统计信息不完整、被吊销执业资格、退出审计行业或已经离世等，他们的教育经历、性别及年龄等相关数据都存在不同程度的缺失。在剔除这些缺失值之后，剩余的签字注册会计师个体的人口特征数据相对完整的样本观测值有 7608 个，这些样本能够充分代表和反映我国上市公司年报的签字注册会计师的整体人口特征，详见下文的研究样本描述性统计分析。

（二）描述性统计

表 4 - 3 列示了检验模型中各变量的描述性统计结果。从表 4 - 3 可以看出，主要检验变量可操纵性应计绝对值（｜DA｜）的均值为 0.072，标准差为 0.077，极小值与极大值分别为 0.001 和 0.589，数据整体分布较为合理。在签字注册会计师的教育经历特征方面，学历（DEG）的均值为 0.911，表明所有上市公司年报审计报告的两位签字注册会计师中至少有一位具有本科及以上学历的比例达 91.1%；专业（MAJ）的均值为 0.891，说明两位签字注册会计师中至少有一位是财务专业出身的比例达 89.1%，这与图 4 - 4 的总体统计结果吻合。在签字注册会计师的性别特征方面，性别（GEN）的均值为 0.505，这表明两位签字注册会计师中至少有一位女性的比例约占一半，图 4 - 6 的总体统计结果显示这一比例为 50.01%，二者是吻合的。在签字注册会计师的年龄特征方面，在年龄（AGE）取值为两位签字注册会计师中年龄较大者时，AGE 的极小值与极大值分别是 28 岁与 75 岁，其均值约为 44 岁；图 4 - 7 的总体统计结果显示，近十年间上市公司年报审计报告的两位签字注册会计师的平均年龄为 39.67 岁，二人年龄差的平均值为 7.79 岁，也即两位签字注册会计师中年龄较大者的平均年龄约为 43.6 岁，这与年龄（AGE）的均值（约 44 岁）基本保持一致。

上述分析结果综合表明，尽管本书关于签字注册会计师个体人口特征的研究样本存在一定的缺失，但仍能充分代表和反映我国上市公司年报签字注册会计师的整体人口特征。

在模型控制变量方面，上市公司聘请的会计师事务所的累计审计任期平均约为 6 年，其中由国际"四大"会计师事务所审计的上市公司约占 6.3%；经营亏损的公司约占 9.9%，总资产增长率平均约为 15.4%；公司董事长与总经理两职合一的比率约为 19.2%，独立董事占董事会人数的比重约为 36.4%。

表 4 - 3 描述性统计

	Obs	Mean	Median	Std. Dev.	Min	Max
|DA|	7608	0.072	0.049	0.077	0.001	0.589
DEG	7608	0.911	1	0.284	0	1
MAJ	7608	0.891	1	0.311	0	1
GEN	7608	0.505	1	0.5	0	1
AGE	7608	44.065	43	6.205	28	75
SIZE	7608	21.763	21.602	1.302	16.508	28.482
DEBT	7608	0.497	0.484	0.513	0.009	20.247
CASH	7608	0.077	0.006	0.961	-6.672	22.461
LOSS	7608	0.099	0	0.298	0	1
AL	7608	2.294	1.386	3.691	0.002	88.727
AT	7608	0.712	0.585	0.586	0	8.097
GROW	7608	0.154	0.099	0.347	-0.979	10.208
TQ	7608	1.844	1.492	1.142	0.618	7.291
INDD	7608	0.364	0.333	0.056	0.143	0.571
SUPV	7608	0.43	0.375	0.136	0.167	0.889
CONC	7608	0.192	0	0.394	0	1

	Obs	Mean	Median	Std. Dev.	Min	Max
MAGF	7608	0.095	0.072	0.09	0.009	0.608
BIG	7608	0.063	0	0.243	0	1
TENFIRM	7608	6.389	5	4.817	1	19

（三）相关性分析

表4-4列示了检验模型各变量之间的相关系数。如表4-4所示，签字注册会计师的学历（*DEG*）、专业（*MAJ*）与可操纵性应计的绝对值（｜*DA*｜）之间均呈显著的负相关关系，这初步表明签字注册会计师的学历越高、所学专业与财务越相关，越有助于抑制被审计单位的盈余操纵行为，确保审计服务质量。然而，签字注册会计师的性别（*GEN*）、年龄（*AGE*）与可操纵性应计的绝对值（｜*DA*｜）之间没有显著的相关关系，这说明不同性别抑或不同年龄可能不会导致执业质量的本质性差异。

在控制变量方面，公司规模（*SIZE*）、监事会规模（*SUPV*）与可操纵性应计的绝对值（｜*DA*｜）显著负相关，这说明规模较大的公司、内部治理机制较为完善的公司，其盈余操纵的幅度可能较小；而且，管理层效率（*MAGF*）与可操纵性应计的绝对值（｜*DA*｜）显著正相关，进一步说明管理效率越低的公司，盈余操纵的动机就越强。此外，财务状况（*DEBT*）、经营业绩（*LOSS*）与可操纵性应计的绝对值（｜*DA*｜）显著正相关，这说明财务状况越差、经营业绩越差的公司，越有可能进行盈余管理。会计师事务所规模（*BIG*）、任期（*TENFIRM*）与可操纵性应计的绝对值（｜*DA*｜）显著负相关，这表明会计师事务所规模大或通过长期审计对客户更加了解，都有助于抑制客户的盈余操纵行为。另外，检验模型的其他各变量

表 4 - 4 相关系数矩阵

变量	|DA|	DEG	MAJ	GEN	AGE	SIZE	DEBT	CASH	LOSS	AL	AT	GROW	TQ	INDD	SUPV	CONC	MAGF	BIG
DEG	-0.034***	1																	
MAJ	-0.022*	-0.072***	1																
GEN	-0.015	-0.015	-0.015	1															
AGE	0.001	-0.074***	0.024**	0.026**	1														
SIZE	-0.109***	0.061***	-0.066***	0.027***	-0.051***	1													
DEBT	0.139***	0.014	0.002	-0.018	0.026**	0.046***	1												
CASH	0.078***	-0.008	-0.025**	0.018	-0.013	0.102***	0.030***	1											
LOSS	0.109***	-0.012	0.009	-0.030**	0.019*	-0.121***	0.140***	-0.060***	1										
AL	-0.024**	-0.008	0.015	-0.009	-0.012	-0.194***	-0.242***	0.009	-0.100***	1									
AT	-0.005	0.021*	-0.023**	0.018	-0.007	0.074***	0.040***	0.030**	-0.041***	-0.102***	1								
GROW	0.102***	-0.006	-0.030**	0.012	-0.039***	0.100***	-0.077***	0.046***	-0.174***	0.101***	-0.053***	1							
TQ	0.105***	-0.037***	0.041***	0.003	0.006	-0.042***	0.055***	0.017	0.064***	0.060***	0.001	-0.051***	1						
INDD	-0.007	0.026**	0.003	0.022*	0.008	0.074***	-0.021*	-0.010	-0.036***	0.025**	-0.034***	-0.008	-0.001	1					
SUPV	-0.032**	0.000	-0.038***	0.039***	0.015	0.079***	0.028**	0.010	0.020*	-0.061***	0.035***	-0.051***	-0.016	0.211***	1				
CONC	0.013	-0.030***	0.042***	-0.004	-0.016	-0.165***	-0.071***	-0.007	-0.011	0.157***	-0.065***	0.054***	0.039***	0.069***	-0.058***	1			
MAGF	0.077***	-0.059***	0.051***	-0.016	0.042***	-0.370***	0.081***	-0.047***	0.197***	0.174***	-0.374***	-0.084***	0.298***	0.007	-0.046***	0.089***	1		
BIG	-0.052***	0.081***	-0.123***	0.079***	-0.151***	0.423***	0.024***	0.030***	-0.024***	-0.068***	0.031***	0.003	-0.114***	0.060***	0.047***	-0.080***	-0.084***	1	
TENFIRM	-0.023***	-0.045***	0.007	0.065***	0.075***	0.110***	0.067***	0.049***	0.004	-0.168***	0.092***	-0.095***	0.017	-0.018	0.098***	-0.108***	-0.052***	-0.018	1

注：***、**和*分别表示在0.01、0.05和0.1的水平上显著。

之间的相关系数大都小于 0.4，这说明检验模型的设定、变量的选取较为合理，不存在严重的多重共线性问题。

（四）多元回归分析

表 4 - 5 列示了模型（4 - 1）和模型（4 - 2）的多元回归结果。从表 4 - 5 的第二列可以看出，以可操纵性应计的绝对值（｜DA｜）作为审计质量的替代度量，签字注册会计师的学历（DEG）、专业（MAJ）的回归系数在 1% 的水平上显著为负。这表明签字注册会计师的学历越高、所学专业与财务越相关，审计专业胜任能力也就越强，审计服务质量也越高；签字注册会计师的这种专业胜任能力可以具体地体现为有效识别客户的审计风险、制订恰当的审计计划、控制并实施严格的审计程序、获取充分且适当的审计证据等。也即，这一结果支持了本书假设 4 - 1 和假设 4 - 2。

然而，从表 4 - 5 可以看出，签字注册会计师的性别（GEN）与可操纵性应计的绝对值（｜DA｜）之间不存在显著的相关关系，这说明男性与女性签字注册会计师各自提供的审计服务并不存在显著的质量差异，这一结果否定了本书假设 4 - 3。具体地，从心理学角度来说，女性比男性往往更加厌恶风险；抑或从审计判断方面来说，男性比女性更具优势，但这并不能使性别因素成为决定审计质量高低的关键因子。类似地，签字注册会计师的年龄（AGE）与可操纵性应计的绝对值（｜DA｜）之间亦无显著的相关关系，这表明签字注册会计师的年龄大小不会导致审计质量的高低差异，这一结果否定了本书假设 4 - 4。其可能的解释是，注册会计师审计作为一项智力密集型工作，执业经验无疑是决定执业质量高低的关键，但签字注册会计师年龄大小仅仅是决定执业经验丰富与否的某一方面的因素，而个人的执业经验更多的是来自审计业务的不断积累，比如审计客户的数量、客户规模及其业务复杂程度等。

进一步地，从表4-5的最后一列可以看出，在签字注册会计师的整合人口特征检验模型（4-2）中，学历（*DEG*）、专业（*MAJ*）的回归系数在1%的水平上显著为负，而性别（*GEN*）、年龄（*AGE*）的回归系数不显著，这与单方面人口特征检验模型（4-1）的相关结果基本一致。上述结果综合表明，签字注册会计师的教育经历会显著影响审计服务质量，但性别或年龄因素并不会导致明显的审计质量差异。

在控制变量方面，公司规模（*SIZE*）的回归系数显著为负，这说明规模较大的公司通常更加注重公司声誉的保护，注重保证公司会计信息质量，这与已有研究结果相吻合。监事会规模（*SUPV*）的回归系数显著为负，这表明被审计单位的内部治理机制越完善，签字注册会计师及其团队成员在审计证据收集过程中所面对的来源于公司治理层的阻力或者干扰就越少，管理层要求签字注册会计师允许甚至配合其进行盈余管理的动机就越弱。然而，从财务状况（*DEBT*）、经营业绩（*LOSS*）的回归系数显著为正这一回归结果来看，当公司负债水平较高，财务状况不佳，或者是出现经营亏损时，盈余管理的幅度较大。其原因是，在运营不善的情况下，公司管理层企图通过盈余操纵的手段"粉饰"业绩、"美化"报表，以赢得广大投资者的青睐。此外，会计师事务所任期（*TENFIRM*）的回归系数显著为负，这表明会计师事务所对某特定客户的长期连续审计，有助于他们对该客户的经营业绩浮动、财务状况好坏、行业政策变化等信息进行全方位的了解，从而有助于其准确判断客户的审计风险，制定相对应的审计策略，降低审计失误甚至审计失败的可能，最终确保审计服务质量，保护广大市场参与者的合法权益。

表4-5 回归结果之主测试

	单方面人口特征检验			整合人口特征检验
	模型（4-1）	模型（4-1）	模型（4-1）	模型（4-2）
DEG	-0.008***			-0.008***
	(-2.60)			(-2.65)
MAJ	-0.008***			-0.008***
	(-2.95)			(-2.95)
GEN		-0.001		-0.001
		(-0.79)		(-0.83)
AGE			-0.0001	-0.0001
			(-0.57)	(-0.70)
SIZE	-0.006***	-0.006***	-0.006***	-0.006***
	(-6.91)	(-6.92)	(-6.92)	(-6.92)
DEBT	0.016***	0.015***	0.015***	0.016***
	(9.02)	(8.93)	(8.95)	(9.02)
CASH	0.002**	0.002**	0.002**	0.002**
	(2.01)	(2.04)	(2.04)	(2.02)
LOSS	0.028***	0.028***	0.028***	0.028***
	(9.39)	(9.36)	(9.38)	(9.37)
AL	-0.0003	-0.0004	-0.0004	-0.0004
	(-1.44)	(-1.44)	(-1.44)	(-1.46)
AT	0.006***	0.006***	0.006***	0.006***
	(3.33)	(3.35)	(3.34)	(3.34)
GROW	0.029***	0.03***	0.030***	0.029***
	(10.33)	(10.43)	(10.40)	(10.32)
TQ	0.005***	0.005***	0.005***	0.005***
	(5.14)	(5.14)	(5.12)	(5.12)
INDD	0.006	0.005	0.005	0.005
	(0.38)	(0.30)	(0.30)	(0.39)
SUPV	-0.015**	-0.014**	-0.014**	-0.015**
	(-2.32)	(-2.16)	(-2.18)	(-2.28)
CONC	0.001	0.001	0.001	0.001
	(0.52)	(0.52)	(0.50)	(0.51)

	单方面人口特征检验			整合人口特征检验
	模型（4-1）	模型（4-1）	模型（4-1）	模型（4-2）
MAGF	0.011 (0.92)	0.012 (0.98)	0.012 (1.00)	0.011 (0.93)
BIG	-0.002 (-0.57)	-0.001 (-0.36)	-0.002 (-0.50)	-0.002 (-0.59)
TENFIRM	-0.001*** (-2.89)	-0.0005*** (-2.72)	-0.0005*** (-2.73)	-0.0005*** (-2.78)
YEAR	控制	控制	控制	控制
IND	控制	控制	控制	控制
R^2	0.116	0.115	0.115	0.116
F 值	25.45***	25.69***	25.69***	24.29***
N	7608	7608	7608	7608

注：***、**和*分别表示在0.01、0.05和0.1的水平上显著。

（五）进一步测试

由前文的实证分析结果可知，在签字注册会计师个体的人口特征中，教育经历会显著影响审计质量的高低，个体的性别与年龄产生的影响则不明显。为深入考察这种作用关系，本书拟进行如下两个方面的进一步测试。

1. 人口特征的衡量

结合前文主测试部分对签字注册会计师个体的人口特征的度量方法，在进一步测试中，本书将教育经历、性别及年龄的度量标准界定如下：对于学历（DEG），若两位签字注册会计师均为本科及以上学历，则 DEG 取值为1，否则取值为0；对于专业（MAJ），若两位签字注册会计师均为财务相关专业，则 MAJ 取值为1，否则取值为0；对于性别（GEN），若两位签字注册会计师均为女性，则 GEN 取值为1，否则取值为0；对于年龄（AGE），取值为两位签字注册会计师年龄的均值。然后，对检验模型（4－1）和模型（4－2）做进一步的多元回归分析。

从表4－6的进一步测试Ⅰ的回归结果可以看出，无论是在单方面人口特征检验模型（4－1）中，还是在整合人口特征检验模型（4－2）中，将可操纵性应计绝对值（｜DA｜）作为审计质量的替代度量，签字注册会计师的学历（DEG）、专业（MAJ）的回归系数依然显著为负；签字注册会计师的性别（GEN）、年龄（AGE）的回归系数仍是不显著的。上述结果与前文主测试部分的结果基本一致，这也进一步表明，签字注册会计师个体的学历及所学专业会显著影响个体的审计专业胜任能力，进而影响审计服务质量，但性别和年龄并非影响审计质量的关键因素。

表4－6 回归结果之进一步测试Ⅰ

	单方面人口特征检验			整合人口特征检验
	模型（4－1）	模型（4－1）	模型（4－1）	模型（4－2）
DEG	-0.005^{***} (-3.00)			-0.005^{***} (-3.14)
MAJ	-0.003^{*} (-1.79)			-0.003^{*} (-1.83)
GEN		-0.002 (-0.73)		-0.002 (-0.77)
AGE			-0.0001 (-0.32)	-0.0002 (-1.00)
SIZE	-0.006^{***} (-6.89)	-0.006^{***} (-6.91)	-0.006^{***} (-6.91)	-0.006^{***} (-6.89)
DEBT	0.015^{***} (8.88)	0.015^{***} (8.94)	0.015^{***} (8.95)	0.016^{***} (8.91)
CASH	0.002^{**} (1.97)	0.002^{**} (2.04)	0.002^{**} (2.04)	0.002^{**} (1.982)

续表

	单方面人口特征检验			整合人口特征检验
	模型 (4-1)	模型 (4-1)	模型 (4-1)	模型 (4-2)
LOSS	0.028***	0.028***	0.028***	0.028***
	(9.37)	(9.37)	(9.38)	(9.36)
AL	-0.0004	-0.0004	-0.0004	-0.0004
	(-1.49)	(-1.43)	(-1.44)	(-1.51)
AT	0.006***	0.006***	0.006***	0.006***
	(3.39)	(3.35)	(3.34)	(3.39)
GROW	0.029***	0.030***	0.030***	0.029***
	(10.43)	(10.42)	(10.41)	(10.39)
TQ	0.005***	0.005***	0.005***	0.005***
	(5.16)	(5.12)	(5.13)	(5.13)
INDD	0.004	0.004	0.005	0.004
	(0.28)	(0.28)	(0.29)	(0.27)
SUPV	-0.014**	-0.014**	-0.014**	-0.014**
	(-2.16)	(-2.22)	(-2.19)	(-2.18)
CONC	0.001	0.001	0.001	0.001
	(0.62)	(0.52)	(0.50)	(0.58)
MAGF	0.010	0.012	0.012	0.010
	(0.86)	(0.99)	(1.00)	(0.89)
BIG	-0.001	-0.001	-0.002	-0.001
	(-0.18)	(-0.48)	(-0.47)	(-0.37)
TENFIRM	-0.001***	-0.0005***	-0.0005***	-0.0005***
	(-2.83)	(-2.82)	(-2.74)	(-2.79)
YEAR	控制	控制	控制	控制
IND	控制	控制	控制	控制
R^2	0.116	0.115	0.115	0.116
F 值	25.37***	25.69***	25.68***	24.22***
N	7608	7608	7608	7608

注：***、** 和 * 分别表示在 0.01、0.05 和 0.1 的水平上显著。

2. 区分盈余操纵的方向

已有研究表明，上市公司管理层往往更倾向于正向的盈余操纵，故而有必要进一步考察签字注册会计师个体的人口特征对不同方向的盈余操纵行为可能产生的差异化影响。表4－7的进一步测试Ⅱ的回归结果显示，在区分盈余操纵的方向之后，在正向盈余操纵中，无论是单方面人口特征检验还是整合人口特征检验，签字注册会计师的学历（DEG）、专业（MAJ）的回归系数均至少在5%的水平上显著为负；然而，在负向盈余操纵中，学历（DEG）与专业（MAJ）的回归系数都不显著。这表明签字注册会计师个体的教育经历特征能够显著影响被审计单位管理层的正向盈余操纵行为，但对负向盈余操纵的抑制作用并不明显。但是，无论是在正向或负向盈余操纵中，还是在单方面人口特征检验或整合人口特征检验中，签字注册会计师的性别（GEN）、年龄（AGE）的回归系数都是不显著的，这与前文主测试部分的结果基本一致。

表4－7　回归结果之进一步测试Ⅱ

Panel A	正向盈余操纵			
	单方面人口特征检验			整合人口特征检验
	模型（4－1）	模型（4－1）	模型（4－1）	模型（4－2）
DEG	−0.010** (−2.49)			−0.010** (−2.51)
MAJ	−0.011*** (−1.79)			−0.011*** (−2.93)
GEN		−0.001 (−0.44)		−0.0001 (−0.35)
AGE			−0.00003 (−0.20)	−0.001 (−0..49)
SIZE	−0.001 (−0.89)	−0.001 (−0.93)	−0.001 (−0.93)	−0.001 (−0.90)
DEBT	0.010*** (4.51)	0.010*** (4.41)	0.010*** (4.43)	0.010*** (4.51)

续表

Panel A	正向盈余操纵			
	单方面人口特征检验			整合人口特征检验
	模型 (4-1)	模型 (4-1)	模型 (4-1)	模型 (4-2)
CASH	-0.009*** (-6.32)	-0.009*** (-6.29)	-0.009*** (-6.3)	-0.009*** (-6.32)
LOSS	-0.006 (-1.14)	-0.006 (-1.11)	-0.006 (-1.10)	-0.006 (-1.16)
AL	-0.001 (-1.61)	-0.001 (-1.57)	-0.001 (-1.56)	-0.001 (-1.61)
AT	0.006** (2.54)	0.006** (2.55)	0.006** (2.54)	0.006** (2.54)
GROW	0.045*** (12.44)	0.046*** (12.61)	0.046*** (12.60)	0.045*** (12.42)
TQ	0.005*** (3.96)	0.005*** (3.95)	0.005*** (3.94)	0.005*** (3.94)
INDD	-0.008 (-0.40)	-0.010 (-0.49)	-0.010 (-0.49)	-0.008 (-0.39)
SUPV	-0.025*** (-2.86)	-0.025*** (-2.71)	-0.025*** (-2.74)	-0.025*** (-2.82)
CONC	0.002 (0.55)	0.002 (0.52)	0.002 (0.55)	0.002 (0.54)
MAGF	-0.015 (-0.84)	-0.014 (-0.83)	-0.014 (-0.82)	-0.014 (-0.84)
BIG	-0.009* (-1.77)	-0.009* (-1.71)	-0.009* (-1.76)	-0.009* (-1.76)
TENFIRM	-0.001** (-2.42)	-0.001** (-2.32)	-0.001** (-2.31)	-0.001** (-2.36)
YEAR	控制	控制	控制	控制
IND	控制	控制	控制	控制
R^2	0.117	0.114	0.114	0.117
F 值	13.99***	13.94***	13.94***	13.34***
N	4024	4024	4024	4024

续表

Panel B	负向盈余操纵			
	单方面人口特征检验			整合人口特征检验
	模型（4-1）	模型（4-1）	模型（4-1）	模型（4-2）
DEG	-0.004 (-1.01)			-0.005 (-1.08)
MAJ	-0.004 (-1.09)			-0.004 (-1.09)
GEN		-0.002 (-0.83)		-0.0001 (-0.90)
AGE			-0.0002 (-0.88)	-0.002 (-0.83)
SIZE	-0.013*** (-10.13)	-0.013*** (-10.13)	-0.013*** (-10.11)	-0.013*** (-10.12)
DEBT	0.025*** (9.11)	0.025*** (9.09)	0.025*** (9.10)	0.025*** (9.11)
CASH	0.016*** (11.02)	0.016*** (11.05)	0.016*** (11.06)	0.016*** (11.04)
LOSS	0.035*** (10.02)	0.035*** (9.98)	0.035*** (10.01)	0.035*** (10.02)
AL	-0.0003 (-0.85)	-0.0003 (-0.86)	-0.0003 (-0.88)	-0.0003 (-0.87)
AT	0.006*** (2.72)	0.006*** (2.73)	0.006*** (2.72)	0.006*** (2.71)
GROW	0.008* (1.81)	0.008* (1.81)	0.008* (1.78)	0.008* (1.82)
TQ	0.003*** (2.62)	0.003*** (2.63)	0.003*** (2.61)	0.003*** (2.62)
INDD	0.021 (0.94)	0.020 (0.92)	0.020 (0.94)	0.021 (0.97)
SUPV	-0.0004 (-0.05)	0.00003 (0.01)	0.00003 (0.01)	-0.0003 (-0.04)
CONC	0.001 (0.20)	0.001 (0.21)	0.001 (0.19)	0.001 (0.19)
MAGF	0.040*** (2.60)	0.040*** (2.64)	0.040*** (2.68)	0.040*** (2.61)

续表

Panel B	负向盈余操纵			
	单方面人口特征检验			整合人口特征检验
	模型 (4-1)	模型 (4-1)	模型 (4-1)	模型 (4-2)
BIG	0.009 (1.70)	0.009* (1.9)	0.009* (1.67)	0.009 (1.62)
TENFIRM	-0.0002 (-0.87)	-0.0002 (-0.73)	-0.0002 (-0.79)	-0.0002 (-0.76)
YEAR	控制	控制	控制	控制
IND	控制	控制	控制	控制
R^2	0.193	0.192	0.192	0.194
F 值	21.88***	22.39***	22.39***	20.90***
N	3584	3584	3584	3584

注：***、**和*分别表示在0.01、0.05和0.1的水平上显著。

（六）稳健性测试

为增强研究结论的稳健性，本书进行三个方面的稳健性测试。

1. 审计质量的替代度量

其一，本书将 Kothari 等（2005）的模型计算的可操纵性应计绝对值作为审计质量的替代度量，分别对检验模型（4-1）和模型（4-2）进行回归分析。表4-8稳健性测试Ⅰ的 Panel A 部分的回归结果显示，在签字注册会计师个体的人口特征中，无论是单方面人口特征检验还是整合人口特征检验，仅教育经历对审计质量产生了较为显著的影响，性别与年龄的影响则不显著。进一步地，表4-8稳健性测试Ⅰ的 Panel B 与 Panel C 部分的回归结果显示，在区分盈余操纵的方向之后，教育经历的影响作用主要反映在客户的正向盈余操纵活动中，对客户的负向盈余操纵行为的抑制作用则不明显；然而，无论是正向盈余操纵行为还是负向盈余操纵行为，性别与年龄特征都无显著影响，这与前文结论基本一致。

其二，本书将财务重述概率（*FR*）作为审计质量的度量①，表4-8 稳健性测试Ⅰ的 Panel D 的实证结果显示，在签字注册会计师人口特征中，仅教育经历（学历及专业）对审计质量产生了较为显著的影响，其他特征并未产生显著影响，这与前文结论吻合。

表 4-8　回归结果之稳健性测试Ⅰ

Panel A	单方面人口特征检验			整合人口特征检验
	模型（4-1）	模型（4-1）	模型（4-1）	模型（4-2）
DEG	- 0.007*** （- 2.75）			- 0.007*** （- 2.80）
MAJ	- 0.007*** （- 3.00）			- 0.007*** （- 3.01）
GEN		- 0.001 （- 0.81）		- 0.001 （- 0.85）
AGE			- 0.0001 （- 0.59）	- 0.0001 （- 0.72）
SIZE	- 0.004*** （- 5.48）	- 0.004*** （- 5.50）	- 0.004*** （- 5.49）	- 0.004*** （- 5.49）
DEBT	0.005*** （3.67）	0.005*** （3.58）	0.005*** （3.60）	0.005*** （3.67）
CASH	0.003*** （3.63）	0.003*** （3.66）	0.003*** （3.67）	0.003*** （3.64）
LOSS	0.001 （0.24）	0.001 （0.22）	0.001 （0.24）	0.001 （0.23）
AL	- 0.001*** （- 3.19）	- 0.001*** （- 3.18）	0.001*** （- 3.19）	- 0.001*** （- 3.20）

① 若公司年报经签字注册会计师审计并公开披露之后，因重大会计差错等问题而发生重述事项，则 *FR* 取值为 1，否则取值为 0；其中，财务重述事项是依据公司年报及相关公告逐一手工整理获得的。

续表

Panel A	单方面人口特征检验			整合人口特征检验
	模型（4-1）	模型（4-1）	模型（4-1）	模型（4-2）
AT	0.005***	0.005***	0.005***	0.005***
	(3.34)	(3.36)	(3.35)	(3.34)
GROW	0.029***	0.03***	0.03***	0.029***
	(12.31)	(12.41)	(12.38)	(12.30)
TQ	0.003***	0.003***	0.003***	0.003***
	(3.61)	(3.62)	(3.60)	(3.60)
INDD	-0.015	-0.016	-0.016	-0.014
	(-1.11)	(-1.20)	(-1.20)	(-1.10)
SUPV	-0.014***	-0.014***	-0.014***	-0.014***
	(-2.70)	(-2.54)	(-2.56)	(-2.66)
CONC	-0.0001	-0.0001	-0.0002	-0.0002
	(-0.08)	(-0.08)	(-0.10)	(-0.10)
MAGF	-0.026***	-0.025***	-0.025**	-0.026***
	(-2.64)	(-2.58)	(-2.56)	(-2.63)
BIG	-0.004	-0.003	-0.004	-0.004
	(-1.22)	(-1.01)	(-1.15)	(-1.23)
TENFIRM	-0.0004***	-0.0004***	-0.0004***	-0.0004***
	(-2.86)	(-2.69)	(-2.70)	(-2.75)
YEAR	控制	控制	控制	控制
IND	控制	控制	控制	控制
R^2	0.111	0.110	0.109	0.111
F 值	24.19***	24.38***	24.37***	23.10***
N	7608	7608	7608	7608

Panel B	正向盈余操纵			
	单方面人口特征检验			整合人口特征检验
	模型（4-1）	模型（4-1）	模型（4-1）	模型（4-2）
DEG	-0.012***			-0.012***
	(-3.25)			(-3.33)
MAJ	-0.009***			-0.009***
	(-2.68)			(-2.68)

| Panel B | 正向盈余操纵 | | | |
| | 单方面人口特征检验 | | | 整合人口特征检验 |
	模型（4－1）	模型（4－1）	模型（4－1）	模型（4－2）
GEN		−0.001		−0.001
		（−0.54）		（−0.64）
AGE			−0.0002	−0.0002
			（−1.07）	（−1.20）
SIZE	−0.003***	−0.003***	−0.003***	−0.003***
	（−2.99）	（−2.96）	（−2.98）	（−3.02）
DEBT	0.008***	0.008***	0.008***	0.008***
	（3.58）	（3.43）	（3.48）	（3.59）
CASH	−0.007***	−0.007***	−0.007***	−0.007***
	（−5.76）	（−5.70）	（−5.71）	（−5.78）
LOSS	0.001	0.001	0.001	0.001
	（0.23）	（0.25）	（0.26）	（0.20）
AL	−0.001*	−0.001*	−0.001*	−0.001*
	（−1.67）	（−1.66）	（−1.67）	（−1.66）
AT	0.006***	0.006***	0.006***	0.006***
	（2.73）	（2.75）	（2.75）	（2.74）
GROW	0.043***	0.044***	0.044***	0.043***
	（13.14）	（13.31）	（13.27）	（13.12）
TQ	0.0003	0.0004	0.0004	0.0003
	（0.27）	（0.36）	（0.34）	（0.25）
INDD	−0.008	−0.010	−0.010	−0.008
	（−0.39）	（−0.51）	（−0.51）	（−0.39）
SUPV	−0.024***	−0.023***	−0.023***	−0.023***
	（−2.94）	（−2.78）	（−2.81）	（−2.89）
CONC	0.002	0.002	0.002	0.002
	（0.64）	（0.69）	（0.66）	（0.59）
MAGF	−0.002	−0.001	−0.0003	−0.002
	（−0.14）	（−0.04）	（−0.02）	（−0.11）
BIG	−0.006	−0.006	−0.007	−0.006
	（−1.16）	（−1.11）	（−1.27）	（−1.23）
TENFIRM	−0.001***	−0.001***	−0.001***	−0.001***
	（−3.01）	（−2.87）	（−2.78）	（−2.87）

续表

Panel B	正向盈余操纵			
	单方面人口特征检验			整合人口特征检验
	模型（4-1）	模型（4-1）	模型（4-1）	模型（4-2）
YEAR	控制	控制	控制	控制
IND	控制	控制	控制	控制
R^2	0.121	0.117	0.117	0.121
F 值	13.38***	13.24***	13.26***	12.80***
N	3689	3689	3689	3689

Panel C	负向盈余操纵			
	单方面人口特征检验			整合人口特征检验
	模型（4-1）	模型（4-1）	模型（4-1）	模型（4-2）
DEG	-0.001			-0.001
	(-0.28)			(-0.27)
MAJ	-0.005			-0.005
	(-1.48)			(-1.48)
GEN		-0.001		-0.001
		(-0.73)		(-0.74)
AGE			0.0001	0.0001
			(0.04)	(0.04)
SIZE	-0.006***	-0.006***	-0.006***	-0.006***
	(-5.57)	(-5.61)	(-5.60)	(-5.57)
DEBT	0.003	0.003	0.003	0.003
	(1.49)	(1.48)	(1.48)	(1.49)
CASH	0.013***	0.013***	0.013***	0.013***
	(12.08)	(12.1)	(12.08)	(12.08)
LOSS	-0.001	-0.001	-0.001	-0.001
	(-0.19)	(-0.22)	(-0.21)	(-0.20)
AL	-0.001***	-0.001***	-0.001***	-0.001***
	(-3.02)	(-3.02)	(-3.01)	(-3.03)
AT	0.004**	0.004**	0.004**	0.004**
	(2.22)	(2.24)	(2.24)	(2.23)
GROW	0.011***	0.011***	0.011***	0.011***
	(3.21)	(3.21)	(3.21)	(3.22)

续表

| Panel C | 负向盈余操纵 | | | |
| | 单方面人口特征检验 | | | 整合人口特征检验 |
	模型（4-1）	模型（4-1）	模型（4-1）	模型（4-2）
TQ	0.005***	0.005***	0.005***	0.005***
	(4.80)	(4.78)	(4.77)	(4.80)
INDD	-0.017	-0.017	-0.018	-0.017
	(-1.10)	(-1.03)	(-1.04)	(-0.98)
SUPV	-0.005	-0.005	-0.005	-0.005
	(-0.72)	(-0.65)	(-0.66)	(-0.71)
CONC	-0.002	-0.002	-0.002	-0.002
	(-0.76)	(-0.78)	(-0.79)	(-0.74)
MAGF	-0.042***	-0.042***	-0.042***	-0.042***
	(-3.12)	(-3.15)	(-3.14)	(-3.13)
BIG	0.0002	0.001	0.001	0.0001
	(-0.05)	(0.20)	(0.14)	(0.02)
TENFIRM	-0.0001	-0.0001	-0.0001	-0.0001
	(-0.64)	(-0.57)	(-0.63)	(-0.57)
YEAR	控制	控制	控制	控制
IND	控制	控制	控制	控制
R^2	0.141	0.141	0.141	0.141
F 值	16.67***	17.04***	17.02***	15.90***
N	3919	3919	3919	3919

| Panel D | 财务重述概率（FR） | | | |
| | 单方面人口特征检验 | | | 整合人口特征检验 |
	模型（4-1）	模型（4-1）	模型（4-1）	模型（4-2）
DEG	-0.293*			-0.301*
	(-1.77)			(1.81)
MAJ	-0.307*			-0.310**
	(-1.95)			(-1.97)
GEN		-0.117		-0.125
		(-1.11)		(-1.18)
AGE			-0.002	-0.003
			(-0.29)	(-0.30)

Panel D	财务重述概率（FR）			
	单方面人口特征检验			整合人口特征检验
	模型（4-1）	模型（4-1）	模型（4-1）	模型（4-2）
SIZE	-0.154**	-0.154**	-0.153**	-0.155**
	(-2.55)	(-2.55)	(-2.53)	(-2.56)
DEBT	0.133**	0.125**	0.127**	0.132**
	(2.24)	(2.11)	(2.15)	(2.21)
CASH	0.072	0.076	0.075	0.073
	(1.38)	(1.46)	(1.44)	(1.40)
LOSS	0.567***	0.560***	0.566***	0.561***
	(3.73)	(3.69)	(3.73)	(3.69)
AL	-0.006	-0.006	-0.006	-0.006
	(-0.35)	(-0.39)	(-0.38)	(-0.37)
AT	0.033	0.036	0.034	0.034
	(0.31)	(0.34)	(0.32)	(0.32)
GROW	0.152	0.166	0.165	0.150
	(1.17)	(1.29)	(1.28)	(1.16)
TQ	-0.099*	-0.097*	-0.098*	-0.098*
	(-1.70)	(-1.67)	(-1.69)	(-1.68)
INDD	0.809	0.777	0.773	0.819
	(0.84)	(0.81)	(0.81)	(0.85)
SUPV	0.452	0.506	0.492	0.465
	(1.16)	(1.30)	(1.27)	(1.19)
CONC	0.008	0.013	0.107	0.007
	(0.06)	(0.09)	(0.08)	(0.05)
MAGF	0.603	0.636	0.648	0.598
	(0.95)	(1.01)	(1.02)	(0.94)
BIG	-0.257	-0.217	-0.245	-0.248
	(-0.87)	(-0.74)	(-0.84)	(-0.84)
TENFIRM	-0.002	-0.001	-0.001	-0.001
	(-0.21)	(-0.07)	(-0.12)	(-0.12)
YEAR	控制	控制	控制	控制
IND	控制	控制	控制	控制
R^2	0.040	0.038	0.038	0.041

续表

Panel D	财务重述概率（*FR*）			
	单方面人口特征检验			整合人口特征检验
	模型（4-1）	模型（4-1）	模型（4-1）	模型（4-2）
chi^2	124.26	119.36	118.20	125.78
N	7608	7608	7608	7608

注：***、**和*分别表示在0.01、0.05和0.1的水平上显著。

2. 人口特征的替代度量

从前文实证分析结果来看，签字注册会计师个体的教育经历特征会显著影响审计质量的高低。为增加研究结论的稳健性，本部分将教育经历特征变量界定为：对于学历（*DEG*），若两位签字注册会计师中至少一位是硕士及以上学历，则 *DEG* 取值为1，否则取值为0；对于专业（*MAJ*），若两位签字注册会计师中至少一位是会计审计类专业，则 *MAJ* 取值为1，否则取值为0。从表4-9稳健性测试Ⅱ的 Panel A 与 Panel B 部分的回归结果可以看出，无论是单方面人口特征检验还是整合人口特征检验，签字注册会计师的学历（*DEG*）、专业（*MAJ*）的回归系数均显著为负；在区分盈余操纵的方向之后，学历特征的影响都是十分显著的，而专业特征对盈余操纵行为的抑制作用主要体现在正向盈余操纵行为方面。

进一步地，对于学历（*DEG*），当两位签字注册会计师均为硕士及以上学历时，*DEG* 取值为1，否则取值为0；对于专业（*MAJ*），当两位签字注册会计师均为会计审计类专业时，*MAJ* 取值为1，否则取值为0。从表4-9稳健性测试Ⅱ的 Panel C 与 Panel D 部分的回归结果可以看出，签字注册会计师个体的教育经历特征会显著影响客户的盈余操纵行为，无论是正向的还是负向的。

表4-9 回归结果之稳健性测试 II

Panel A	全样本	
	模型 (4-1)	模型 (4-2)
DEG	-0.008*** (-4.16)	-0.008*** (-4.12)
MAJ	-0.007*** (-2.67)	-0.007*** (-2.67)
GEN		-0.001 (-0.77)
AGE		-0.00003 (-0.22)
SIZE	-0.006*** (-6.83)	-0.006*** (-6.84)
DEBT	0.015*** (8.90)	0.015*** (8.89)
CASH	0.002** (2.01)	0.002** (2.02)
LOSS	0.028*** (9.34)	0.027*** (9.32)
AL	-0.0003 (-1.40)	0.0003 (-1.40)
AT	0.006*** (3.35)	0.006*** (3.35)
GROW	0.029*** (10.37)	0.029*** (10.37)
TQ	0.005*** (5.08)	0.005*** (5.08)
INDD	0.005 (0.32)	0.005 (0.33)
SUPV	-0.013** (-2.10)	-0.013** (-2.07)
CONC	0.001 (0.53)	0.001 (0.53)
MAGF	0.013 (1.12)	0.013 (1.12)
BIG	-0.002 (-0.61)	-0.002 (-0.57)
TENFIRM	-0.001*** (-2.81)	-0.001*** (-2.74)
YEAR	控制	控制
IND	控制	控制
R^2	0.118	0.117
F 值	25.70***	24.51***
N	7608	7608

Panel B	正向盈余操纵		负向盈余操纵	
	模型 (4-1)	模型 (4-2)	模型 (4-1)	模型 (4-2)
DEG	-0.007** (-2.45)	-0.007** (-2.43)	-0.009*** (-3.05)	-0.009*** (-3.03)
MAJ	-0.009** (-2.52)	-0.009** (-2.53)	-0.004 (-1.07)	-0.004 (-1.07)

Panel B	正向盈余操纵		负向盈余操纵	
	模型（4-1）	模型（4-2）	模型（4-1）	模型（4-2）
GEN		-0.001 (-0.38)		-0.002 (-0.89)
AGE		0.00001 (0.06)		-0.00001 (-0.67)
SIZE	-0.001 (-0.85)	-0.001 (-0.86)	-0.013*** (-10.07)	-0.013*** (-10.07)
DEBT	0.010*** (4.37)	0.010*** (4.36)	0.024*** (9.08)	0.024*** (9.08)
CASH	-0.009*** (-6.28)	-0.009*** (-6.28)	0.016*** (10.98)	0.016*** (11.00)
LOSS	-0.006 (-1.14)	-0.006 (-1.15)	0.035*** (9.97)	0.035*** (9.96)
AL	-0.001 (-1.58)	-0.001 (-1.58)	-0.0003 (-0.81)	-0.0003 (-0.83)
AT	0.006** (2.51)	0.006** (2.52)	0.006*** (2.73)	0.006*** (2.73)
GROW	0.045*** (12.5)	0.045*** (12.49)	0.008* (1.81)	0.008* (1.82)
TQ	0.005*** (3.98)	0.005*** (3.98)	0.003** (2.52)	0.003** (2.53)
INDD	-0.010 (-0.46)	-0.010 (-0.46)	0.02 (0.91)	0.020 (0.94)
SUPV	-0.024*** (-2.70)	-0.023*** (-2.68)	0.001 (0.07)	0.001 (0.08)
CONC	0.002 (0.56)	0.002 (0.56)	0.001 (0.19)	0.001 (0.19)
MAGF	-0.012 (-0.71)	-0.012 (-0.71)	0.042*** (2.71)	0.042*** (2.72)
BIG	-0.009* (-1.82)	-0.009* (-1.77)	0.009* (1.70)	0.009* (1.65)
TENFIRM	-0.001** (-2.44)	-0.001** (-2.42)	-0.0002 (-0.77)	-0.0002 (-0.65)

续表

Panel B	正向盈余操纵		负向盈余操纵	
	模型（4-1）	模型（4-2）	模型（4-1）	模型（4-2）
YEAR	控制	控制	控制	控制
IND	控制	控制	控制	控制
R^2	0.116	0.125	0.195	0.195
F 值	13.93***	13.28***	22.13***	21.12***
N	4024	4024	3584	3584

Panel C	全样本	
	模型（4-1）	模型（4-2）
DEG	-0.017** (-2.37)	-0.017** (-2.35)
MAJ	-0.005*** (-3.25)	-0.005*** (-3.25)
GEN		0.002 (0.62)
AGE		-0.0001 (-0.69)
SIZE	-0.006*** (-6.96)	-0.006*** (-6.96)
DEBT	0.015*** (8.91)	0.015*** (8.92)
CASH	0.002** (2.08)	0.002** (2.09)
LOSS	0.028*** (9.40)	0.028*** (9.39)
AL	-0.0004 (-1.49)	-0.0004 (-1.50)
AT	0.006*** (3.27)	0.006*** (3.27)
GROW	0.029*** (10.43)	0.029*** (10.4)
TQ	0.005*** (5.20)	0.005*** (5.17)
INDD	0.005 (0.31)	0.005 (0.30)
SUPV	-0.014** (-2.17)	-0.014** (-2.18)
CONC	0.001 (0.63)	0.001 (0.62)
MAGF	0.011 (0.95)	0.011 (0.98)
BIG	-0.002 (-0.64)	-0.003 (-0.77)
TENFIRM	-0.001*** (-2.79)	-0.001*** (-2.77)
YEAR	控制	控制
IND	控制	控制
R^2	0.117	0.117

续表

Panel C	全样本	
	模型（4－1）	模型（4－2）
F 值	25.49***	24.32***
N	7608	7608

Panel D	正向盈余操纵		负向盈余操纵	
	模型（4－1）	模型（4－2）	模型（4－1）	模型（4－2）
DEG	－ 0.017*	－ 0.017*	－ 0.018*	－ 0.018*
	（－1.75）	（－1.74）	（－1.87）	（－1.85）
MAJ	－ 0.005**	－ 0.005**	－ 0.006**	－ 0.006**
	（－2.06）	（－2.06）	（－2.53）	（－2.55）
GEN		0.00003		0.002
		（0.01）		（0.61）
AGE		－ 0.00005		－ 0.0002
		（－0.26）		（－0.97）
SIZE	－ 0.001	－ 0.001	－ 0.013***	－ 0.013***
	（－1.03）	（－1.03）	（－10.05）	（－10.02）
DEBT	0.010***	0.010***	0.024***	0.024***
	（4.39）	（4.40）	（9.08）	（9.07）
CASH	－ 0.009***	－ 0.009***	0.016***	0.016***
	（－6.30）	（－6.30）	（11.12）	（11.14）
LOSS	－ 0.006	－ 0.006	0.035***	0.035***
	（－1.07）	（－1.07）	（9.98）	（9.99）
AL	－ 0.001	－ 0.001	－ 0.0003	－ 0.0003
	（－1.58）	（－1.58）	（－0.93）	（－0.96）
AT	0.006**	0.006**	0.006***	0.006***
	（2.51）	（2.51）	（2.64）	（2.64）
GROW	0.046***	0.046***	0.008*	0.008*
	（12.63）	（12.61）	（1.79）	（1.76）
TQ	0.005***	0.005***	0.003***	0.003***
	（3.97）	（3.96）	（2.71）	（2.68）
INDD	－ 0.010	－ 0.010	0.021	0.021
	（－0.47）	（－0.47）	（0.94）	（0.96）
SUPV	－ 0.024***	－ 0.024***	0.001	0.0005
	（－2.77）	（－2.76）	（0.06）	（0.05）

Panel D	正向盈余操纵		负向盈余操纵	
	模型 (4−1)	模型 (4−2)	模型 (4−1)	模型 (4−2)
CONC	0.002 (0.50)	0.001 (0.49)	0.001 (0.41)	0.001 (0.40)
MAGF	−0.015 (−0.88)	−0.015 (−0.87)	0.041*** (2.67)	0.042*** (2.71)
BIG	−0.009* (−1.80)	−0.010* (−1.81)	0.009 (1.55)	0.007 (1.32)
TENFIRM	−0.001** (−2.39)	−0.001** (−2.35)	−0.0002 (−0.76)	−0.0002 (−0.77)
YEAR	控制	控制	控制	控制
IND	控制	控制	控制	控制
R^2	0.115	0.115	0.195	0.195
F 值	13.79***	13.15***	22.12***	21.12***
N	4024	4024	3584	3584

注：***、**和*分别表示在0.01、0.05和0.1的水平上显著。

3. 研究样本的净化

已有研究表明，当上市公司改聘会计师事务所时，审计质量可能会受到一定程度的影响（谢盛纹、闫焕民，2013）。为避免会计师事务所变更这一因素对本书研究结论可能产生的影响，本书将研究样本中发生会计师事务所变更的样本公司观测值剔除，然后对检验模型（4−1）和模型（4−2）进行回归分析。表4−10稳健性测试Ⅲ的Panel A 至 Panel B 的回归结果表明，在剔除会计师事务所发生变更的样本公司观测值之后，教育经历特征对审计质量的影响依然是显著的且主要体现在客户的正向盈余操纵行为中，而性别与年龄特征的影响均不显著，这与前文结果基本一致。上述稳健性测试的结果综合表明，本书关于签字注册会计师个体的人口特征与审计质量之间关系的研究结论是比较稳健的。

表 4－10 回归结果之稳健性测试Ⅲ

Panel A	全样本	
	模型（4－1）	模型（4－2）
DEG	－ 0.006* （ － 1.86）	－ 0.006* （ － 1.91）
MAJ	－ 0.006** （ － 2.19）	－ 0.006** （ － 2.20）
GEN		－ 0.002 （ － 1.21）
AGE		－ 0.0001 （ － 0.61）
SIZE	－ 0.006*** （ － 6.77）	－ 0.006*** （ － 6.78）
DEBT	0.018*** （7.16）	0.018*** （7.13）
CASH	－ 0.00002 （ － 0.02）	－ 0.00001 （ － 0.01）
LOSS	0.026*** （8.41）	0.026*** （8.39）
AL	－ 0.0003 （ － 0.99）	－ 0.0003 （ － 1.01）
AT	0.005*** （2.98）	0.005*** （2.99）
GROW	0.032*** （10.93）	0.032*** （10.92）
TQ	0.006*** （5.84）	0.006*** （5.83）
INDD	0.010 （0.65）	0.011 （0.67）
SUPV	－ 0.014** （ － 2.10）	－ 0.014** （ － 2.05）
CONC	0.002 （0.79）	0.002 （0.78）
MAGF	0.008 （0.66）	0.008 （0.67）
BIG	0.001 （0.30）	0.001 （0.31）
TENFIRM	－ 0.00001* （ － 1.96）	－ 0.00001* （ － 1.84）
YEAR	控制	控制
IND	控制	控制
R^2	0.112	0.112
F 值	22.34***	21.34***
N	6942	6942

Panel B	正向盈余操纵		负向盈余操纵	
	模型（4－1）	模型（4－2）	模型（4－1）	模型（4－2）
DEG	－ 0.009**	－ 0.01**	－ 0.002	－ 0.002
	（ － 2.26）	（ － 2.31）	（ － 0.36）	（ － 0.41）
MAJ	－ 0.009**	－ 0.01**	－ 0.001	－ 0.001
	（ － 2.55）	（ － 2.56）	（ － 0.30）	（ － 0.30）

续表

Panel B	正向盈余操纵		负向盈余操纵	
	模型（4-1）	模型（4-2）	模型（4-1）	模型（4-2）
GEN		-0.0001		-0.0001
		(-0.54)		(-0.57)
AGE		-0.002		-0.002
		(-0.71)		(-0.98)
SIZE	-0.001	-0.001	-0.014***	-0.014***
	(-0.90)	(-0.92)	(-10.51)	(-10.50)
DEBT	0.012***	0.012***	0.046***	0.046***
	(4.30)	(4.28)	(8.22)	(8.20)
CASH	-0.010***	-0.010***	0.015***	0.015***
	(-6.91)	(-6.91)	(9.32)	(9.32)
LOSS	-0.006	-0.006	0.031***	0.031***
	(-0.98)	(-1.00)	(8.19)	(8.19)
AL	-0.0005	-0.0005	0.0003	0.0003
	(-1.37)	(-1.38)	(0.67)	(0.65)
AT	0.006**	0.006**	0.006**	0.006**
	(2.23)	(2.23)	(2.54)	(2.54)
GROW	0.045***	0.045***	0.011**	0.011**
	(12.26)	(12.24)	(2.32)	(2.34)
TQ	0.005***	0.005***	0.004***	0.004***
	(3.95)	(3.92)	(3.37)	(3.37)
INDD	-0.001	-0.001	0.023	0.024
	(-0.05)	(-0.05)	(1.02)	(1.05)
SUPV	-0.022**	-0.021**	-0.002	-0.002
	(-2.40)	(-2.35)	(-0.23)	(-0.21)
CONC	0.001	0.001	0.004	0.004
	(0.38)	(0.36)	(1.16)	(1.14)
MAGF	-0.022	-0.022	0.040**	0.040***
	(-1.20)	(-1.19)	(2.49)	(2.50)
BIG	-0.008	-0.008	0.016***	0.016***
	(-1.43)	(-1.43)	(2.69)	(2.66)
TENFIRM	-0.001**	-0.001**	-0.0001	-0.0001
	(-2.15)	(-2.07)	(-0.36)	(-0.24)
YEAR	控制	控制	控制	控制

续表

Panel B	正向盈余操纵		负向盈余操纵	
	模型（4－1）	模型（4－2）	模型（4－1）	模型（4－2）
IND	控制	控制	控制	控制
R^2	0.117	0.117	0.191	0.191
F 值	12.88***	12.30***	19.71***	18.82***
N	3692	3692	3250	3250

注：***、**和*分别表示在0.01、0.05和0.1的水平上显著。

四　本章小结

注册会计师审计作为一项智力密集型工作，执业个体的人口特征无疑会影响其行为决策及执业质量。本章选取2007年至2013年我国沪深两市的A股上市公司及其财务报告主审会计师事务所、签字注册会计师为初始研究样本，以教育经历（学历与专业）、性别及年龄等为签字注册会计师个体人口特征的切入点，构建数学检验模型，实证分析个体人口特征对审计质量产生的影响。实证研究的结果显示：① 在全样本视角下，签字注册会计师个体的学历越高、所学专业与财务越相关，以操纵性应计的绝对值作为替代度量的审计质量也越高，这表明签字注册会计师的学历越高、所学专业与财务越相关，审计专业胜任能力也就越强，这种专业胜任能力可以体现为有效识别客户的审计风险、制订恰当的审计计划、控制并实施严格的审计程序、获取充分且适当的审计证据等，这都有助于确保审计服务质量。然而，签字注册会计师个体的性别、年龄对审计质量并未产生显著影响。也即不同性别的签字注册会计师之间在审计风险规避态度或职业谨慎性方面并无显著性差异，不会因此导致审计服务质量的不同；而且签字注册会计师的年龄并不能完全反映个体的执业经验积累或审计专业胜任能力，不会对审计质量产生实质性影响。而且，无论是在单方面人口特征检验模型中还是在整合人口特征检验模型中，上述结果都是成立的。② 进一步地，区分客户公司盈余操纵方向之后，签字注册会计师个体的教育经历（学历与专业）能够显著影响客户公司管理层的正向盈余操纵行为，但对负向盈余操纵的抑制作用不明显；无论是在正向或负向盈余操纵中，还是在单方面人口特征检验或整合人口特征检验中，签字注册会计师的性别、年龄特征对审计质量的影响都是不显著的。③ 在稳健性测试中，分别对审计质量、签字注册会计师的人口特征进行其他替代度量，然后消除会计师事务所变更因素可能产生的影响，进行多元回归分析，其结果与主测试结果基本一致。

第五章　签字注册会计师个体的
执业经验与审计质量
之间关系的实证检验

一　理论分析与假设提出

众所周知，注册会计师审计行业是一种智力密集型的专业性服务行业，签字注册会计师在执业过程中的经验积累是审计专业胜任能力的重要构成部分，并直接决定着审计服务的质量（Wang et al.，2015）。一般而言，签字注册会计师的个体执业经验越丰富，越有助于其准确把握客户的风险水平，识别被审计单位财务报告中可能潜在的错报或舞弊行为，并根据这些潜在的相关问题制定与之相对应的审计策略与审计程序，将客户审计风险降到尽可能低的水平上，进而降低审计失误或审计失败的可能性。而且，丰富的个人执业经验有助于签字注册会计师更高效地处理被审计单位管理层提供的财务报告数据信息与审计人员的预期判断信息及其获得审计证据信息之间的差异情况，进而制定恰当的补充测试程序（Earley，2002），并在此过程中有效应对或摆脱被审计单位管理层的权力干预或解聘威胁等可能损害执业独立性的不利因素，确保审计服务质量。据此分析，提出本书的假设 5-1：

假设 5-1：限定其他条件，签字注册会计师个体的执业经验与审计质量正相关。

上述假设主要是在暂不考虑签字注册会计师执业独立性的情况下，整体上检验签字注册会计师个体执业经验对审计质量的影响。但事实上，执业经验作为执业能力的重要体现，其作用的发挥受到签字注册会计师执业独立性的交互影响。接下来，本书拟对该问题做进一步分析和检验。具体地，对于签字注册会计师而言，个体执业经验是指从其进入注册会计师审计行业的第一年截至观察年度的整个执业过程中，个体审计经验的积累和专业能力的培养；而对于签字注册会计师个体正在审计的某一客户而言，个体执业经验则是这种专业胜任能力在与该客户相关的"执业期间"内的具体体现，而这一"执业期间"也是我们通常所指的审计任期。已有诸多研究表明，审计任期的长短会影响签字注册会计师的独立性及专业胜任能力的发挥，是影响审计质量的极为重要的因素（刘启亮、唐建新，2009；谢盛纹、闫焕民，2013）。以此推之，签字注册会计师个体执业经验事实上是审计专业胜任能力的一种体现，签字注册会计师在某客户会计年度的实际表现也会受到与该客户相对应的审计任期的影响。那么，在这种情况下，签字注册会计师个体执业经验对审计质量会有影响，审计任期对审计质量亦有影响，而且审计任期又很可能会影响到签字注册会计师个体执业经验对审计质量的影响。比如，在初期审计阶段，签字注册会计师尚未形成与特定客户知识相关的"学习效应"，此时执业经验效应得以有效发挥。但随着审计任期的延长，逐渐形成的特定客户"学习效应"会部分地替代执业经验效应。如此一来，当签字注册会计师个体执业经验与审计任期两个重要因素共同作用时，其对审计质量的影响不等于二者分别对审计质量的影响的简单数学之和。也就是说，签字注册会计师个体执业经验与审计任期之间存在交互效应，但这种交互效应是增强型交互效应（Reinforcement Interaction Effect），还是干扰型交互效应（Interference Interaction Effect），有待实证分析与检验。据此分析，提出本书的假设 5 - 2：

假设 5 - 2：限定其他条件，签字注册会计师个体的执业经验与审计任期之间存在交互效应。

二 变量定义与模型构建

（一）变量定义

1. 审计质量

遵照研究惯例并借鉴已有的优秀研究成果，在主测试部分将修正 Jones 模型计算的可操纵性应计绝对值（｜DA｜）作为审计质量的替代度量（刘启亮、唐建新，2009；Chen et al.，2010；Firth et al.，2011），详见前文所述。

2. 执业经验

对于签字注册会计师个体的执业经验，本书借鉴原红旗和韩维芳（2012）、闫焕民（2016）等的研究经验，在主测试部分采用两位签字注册会计师在观测年度之前累计签发的上市公司审计报告的总数并取其数量较大者作为执业经验（Experience，记为 EXP）的替代度量。此外，在稳健性测试部分采用两位签字注册会计师的累计执业年限并取其较大者作为个体执业经验的替代度量，详见后文所述。

在此需要特别说明的是，在我国上市公司的财务报表审计报告中，通常有两位注册会计师签字（即 $i = 1$，2），少数情况下有三位注册会计师签字（即 $i = 1$，2，3）。关于注册会计师的签字顺序，依据我国财政部于 2001 年出台的《关于注册会计师在审计报告上签名盖章有关问题的通知》（以下简称《通知》）的相关规定：第一，合伙会计师事务所出具的审计报告，应当由一名对审计项目负最终复核责任的合伙人和一名负责该项目的注册会计师签名盖章；第二，有限责任会计师事务所出具的审计报告，应当由会计师事务所主任会计师或其授权的副主任会计师和一名负责该项目的注册会计师签名盖章。诚然，该规定出台时我国尚未开展会计师事务所的特殊普通合伙制的改革，故而没有该体制形式下的相应规定，但这对注册会计师签字顺序问题并无实质的影响。在本部分研究中，若能依据《通知》的规定区分签字注册会计师是项目负责人还是复核人，继而考察不同角色的签字注册会计师的执业经验对审计服务质量可能产生的差异化影响，自然是很有价值的。但事与愿违，在我国注册会计师审计实务中，绝大多数的会计师事务所并未明确规定和要求各个分所的签字注册会计师必须按照《通知》规定的先后顺序进行签字，而且《通知》也并未对签字的先后顺序做出明确要求。仅有极少数的会计师事务所会在客户的审计报告书中明确注明签字注册会计师是项目负责人还是复核人（如希格玛会计师事务所）。另外，通过对德勤、瑞华及天健等占据国内审计市场主流的大中型会计师事务所的访问与求证，得出的一致结论是：不同会计师事务所之间，在注册会计师的签字顺序方面遵循的惯例可能不同；即使是在同一家会计师事务所的不同省份的分所之间，甚至是同一分所内部的不同审计项目之间，这种签字顺序也是有差异的。总而言之，我们基本上无法根据《通知》的规定来确定我国上市公司财务报表审计报告中签字注册会计师到底是项目负责人还是复核人，至少在现有的条件下是行不通的。在这种现实情况下，本书拟借鉴 Chen 等（2008）、刘启亮和唐建新（2009）及谢盛纹和闫焕民（2013）等将两位签字注册会计师中对某客户的签字年限较长者作为审计任期的度量这一思路，选择两位签字注册会计师中签发上市公司审计报告数量较大者作为签字注册会计师执业经验的替代度量。

3. 审计任期

根据上文所述，签字注册会计师的审计任期（TENCPA）以两位签字注册会计师中对某客户的累计签字年限较长者来度量。

（二）模型构建

针对假设 5 - 1，即在暂不考虑签字注册会计师执业独立性的情况下，初步检验签字注册会计师个体执业经验对审计质量的影响，我们借鉴刘启亮和唐建新（2009）、Firth 等（2011）等的研究经验构建检验模型如下：

$$| DA | = \alpha_0 + \alpha_1 EXP + \sum \alpha_{i+1} X + \varepsilon \qquad (5-1)$$

其中，被解释变量 | DA | 表示可操纵性应计的绝对值，用以衡量审计质量；主要解释变量 EXP 表示签字注册会计师个体的执业经验；X 表示控制变量组合，主要包括公司规模、内部治理结构及会计师事务所特征等多个方面的影响因素，与前文的模型（4 - 1）同理。

针对假设 5 - 2，即在考虑签字注册会计师执业独立性的情况下，进一步考察签字注册会计师个体的执业经验与审计任期之间的交互效应对审计质量产生的影响并构建模型如下：

$$| DA | = \alpha_0 + \alpha_1 EXP + \alpha_2 TENCPA + \alpha_3 \overline{EXP} \times \overline{TENCPA} + \sum \alpha_{i+3} X + \varepsilon$$
$$(5-2)$$

其中，被解释变量 | DA | 表示可操纵性应计的绝对值，用以衡量审计质量；EXP 表示签字注册会计师个体的执业经验；TENCPA

表示签字注册会计师的审计任期；$\overline{EXP}$ 与 $\overline{TENCPA}$ 是将变量 EXP 与 $TENCPA$ 进行对中处理的结果；X 表示控制变量组合，同上理。考虑到 EXP、$TENCPA$ 及二者的交互项之间可能存在多重共线性问题，故本书借鉴陈晓萍等（2009）的研究经验，采用对中处理方法，避免或减弱回归方程中上述变量之间的多重共线性问题的影响。

三　实证分析与结果描述

（一）样本选择

本书选取 2007 年至 2013 年我国沪深两市的 A 股上市公司及其财务报告主审会计师事务所、签字注册会计师为研究样本，样本数据是严格依据 CSMAR 数据库与 Wind 数据库、各公司年度财务报告及中国注册会计师行业管理信息系统进行手工搜集与整理所得的。在此基础上，遵照学者研究惯例对初始研究样本进行筛选：首先，剔除行业性质特殊的金融与保险业上市公司观测值，剔除观测年度 IPO 或者主要财务数据缺失导致无法计算可操纵性应计利润的上市公司观测值，剔除年度行业观测值数量少于 15 个的公司观测值；其次，为消除极端异常值可能产生的潜在影响，对检验模型中的全部连续变量进行首尾 1% 截尾处理；最后，获得研究样本观测值 12158 个。

（二）描述性统计

表 5 - 1 列示了检验模型中主要变量的描述性统计结果。从表 5 - 1中可以看出，主要检验变量可操纵性应计绝对值（｜DA｜）的均值为 0.072，中值为 0.049，标准差为 0.077，极小值与极大值分别为 0.001 和 0.597，数据整体分布较为合理。签字注册会计师个体

的执业经验（*EXP*）的均值为 27.519，中值为 19，这表明审计报告中的两位签字注册会计师中执业经验较丰富者的平均累计审计客户数为二十七八个，而且这些签字注册会计师中在观测年度之前的累计客户数为 19 个的最多。进一步地，执业经验（*EXP*）的极小值与极大值分别是 0 与 158，这说明有部分上市公司审计报告的两位签字注册会计师在观察年度之前没有针对上市公司的审计业务经历，而执业经验最丰富的签字注册会计师在观察年度之前累计审计的上市公司数目达到 158 个。这进一步说明了我国上市公司审计市场中签字注册会计师个体之间具有很大的异质性，有必要从执业个体层面展开相关问题的研究。

表 5 - 1 描述性统计

	Obs	Mean	Median	Std. Dev.	Min	Max
| *DA* |	12158	0.072	0.049	0.077	0.001	0.597
EXP	12158	27.519	19	26.534	0	158
SIZE	12158	21.758	21.6	1.3	16.508	28.482
DEBT	12158	0.502	0.483	0.529	0.007	20.247
CASH	12158	0.073	0.005	0.949	- 6.672	22.461
LOSS	12158	0.102	0	0.302	0	1
AL	12158	2.377	1.395	4.717	0.002	204.742
AT	12158	0.696	0.57	0.569	0	9.31
GROW	12158	0.156	0.098	0.364	- 0.979	10.513
TQ	12158	1.858	1.49	1.182	0.611	7.605
INDD	12158	0.366	0.333	0.055	0.2	0.571
SUPV	12158	0.428	0.375	0.133	0.143	0.833
CONC	12158	0.198	0	0.398	0	1
MAGF	12158	0.097	0.073	0.092	0.009	0.626
BIG	12158	0.059	0	0.236	0	1
TENFIRM	12158	6.077	4	4.654	1	19

（三）相关性分析

表 5-2 列示了检验模型各变量之间的相关系数。从表 5-2 中可以看出，签字注册会计师个体的执业经验（*EXP*）与可操纵性应计的绝对值（｜*DA*｜）之间的相关系数在 1% 的水平上显著为负，这初步表明签字注册会计师的执业经验越丰富，越有助于抑制被审计单位的盈余操纵行为，确保审计服务质量，这与本书的预期一致。此外，公司规模（*SIZE*）、监事会规模（*SUPV*）与可操纵性应计的绝对值（｜*DA*｜）之间的相关系数显著为负，这说明公司规模越大、公司内部治理结构越完善，公司管理层进行盈余操纵的动机或幅度可能越小。然而，管理层权力集中度（*CONC*）、管理层效率（*MAGF*）与可操纵性应计的绝对值（｜*DA*｜）显著正相关，这初步表明公司管理层权力越集中、管理效率越低下，公司盈余管理的动机及其幅度可能就越大。而且，财务状况（*DEBT*）、经营业绩（*LOSS*）与可操纵性应计的绝对值（｜*DA*｜）之间的显著正相关关系亦表明，财务状况越差、经营业绩越差的公司，越有可能进行盈余管理并企图以此改善公司的经营状况及财务状况，以获取投资者的青睐。在会计师事务所特征方面，事务所规模（*BIG*）、事务所任期（*TENFIRM*）与可操纵性应计的绝对值（｜*DA*｜）显著负相关，这表明事务所规模越大或通过长期审计对客户越了解，越有助于抑制客户的盈余操纵行为。另外，模型中的其他各变量之间的相关系数大都小于 0.4，这说明检验模型的设计、变量的选取较为合理，不存在严重的多重共线性问题。

（四）多元回归分析

表 5-3 列示了模型（5-1）和模型（5-2）的多元回归结果。

表 5-2　相关系数矩阵

变量	|DAI|	EXP	SIZE	DEBT	CASH	LOSS	AL	AT	GROW	TQ	INDD	SUPV	CONC	MAGF	BIG
EXP	-0.036***	1													
SIZE	-0.114***	-0.035***	1												
DEBT	0.140***	0.01	0.022**	1											
CASH	0.086***	-0.04	0.110***	0.032***	1										
LOSS	0.112***	-0.03?***	-0.126***	0.158***	-0.057***	1									
AL	-0.022**	-0.02?**	-0.153***	-0.204***	0.001	-0.085***	1								
AT	-0.002	0.032***	0.070***	0.051?	0.030***	-0.042***	-0.064***	1							
GROW	0.102***	-0.014	0.111***	-0.067***	0.045***	-0.170***	0.061***	-0.046***	1						
TQ	0.118***	0.004	-0.432***	0.109***	0.026***	0.066***	0.042**	0.002	-0.051***	1					
INDD	0.007	-0.007	0.056***	-0.013	-0.011	-0.016	0.023**	-0.039***	0.003	0.004	1				
SUPV	-0.018**	-0.015	0.075***	0.030***	0.013	0.018*	-0.052***	0.030***	-0.039***	-0.005	0.205***	1			
CONC	0.017*	0.003	-0.167***	-0.060***	-0.030***	-0.008	0.125***	-0.052***	0.041***	0.041***	0.076***	-0.056***	1		
MAGF	0.093***	-0.008	-0.379***	0.096***	-0.048***	0.207***	0.138***	-0.370***	-0.096***	0.300***	0.013	-0.048***	0.092***	1	
BIG	-0.056***	-0.124***	0.400***	0.018**	0.024	-0.028***	-0.058***	0.021**	0.003	-0.107***	0.046***	0.034***	-0.074***	-0.089***	1
TENFIRM	-0.023	0.249***	0.121***	0.066***	0.050***	0.005	-0.145***	0.082***	-0.074***	0.013	-0.01	0.094***	-0.111***	-0.059***	-0.006

注：***、 ** 和 * 分别表示在 0.01、0.05 和 0.1 的水平上显著。

在主测试部分，从表 5-3 的第二列可以看出，以可操纵性应计的绝对值（｜DA｜）作为审计质量的替代度量，签字注册会计师的执业经验（EXP）的回归系数在 1% 的水平上显著为负。这表明签字注册会计师的执业经验越丰富，对客户审计风险的识别与把握能力越强，越能够有效地判断客户财务报告中可能存在的错报或漏报等问题，设计并实施恰当的审计程序，确保审计服务的质量；也即，这一结果支持了本书假设 5-1。

从表 5-3 的第三列可以看出，在考虑签字注册会计师的执业独立性的情况下，在模型中继续纳入签字注册会计师的审计任期（TENCPA）及交互项（$\overline{EXP \times TENCPA}$）之后，交互项（$\overline{EXP \times TENCPA}$）的系数在 5% 的水平上显著为正，这说明签字注册会计师的执业经验与审计任期之间的交互效应对审计质量产生了干扰型交互作用，这支持了本书假设 5-2。具体地，签字注册会计师的执业经验可视为个体专业胜任能力的一种体现，有助于确保审计服务质量。然而，签字注册会计师的审计任期则是个体专业胜任能力和执业独立性的综合体现：一方面，签字注册会计师审计任期的延长，意味着他（她）们对客户的各方面信息更加熟悉，进而增加了与该特定客户相关的审计经验，逐渐形成了特定客户"学习效应"，而且部分地替代了执业经验效应；另一方面，签字注册会计师审计任期的延长，不可避免地提高了他（她）们与客户管理层之间的熟悉程度，继而影响其实质上的执业独立性，也会影响执业经验效应的有效发挥。在这种情况下，签字注册会计师的执业经验与审计任期之间产生了一种干扰型交互作用，而非增强型交互作用。在此需要说明的是，在模型（5-2）的回归结果中，交互项（$\overline{EXP \times TENCPA}$）代表净交互效应，执业经验（EXP）与审计任期（TENCPA）代表的不是主效应，而是部分效应。比如，执业经验（EXP）的回归系数反映了

在审计任期（*TENCPA*）取值为 0 的情况下，*EXP* 每变化一个单位引起的 | *DA* | 变化量；反之，同理。

　　在控制变量方面，公司规模（*SIZE*）的回归系数显著为负，这说明规模较大的公司，盈余操纵行为相对较少。然而，财务状况（*DEBT*）、经营业绩状况（*LOSS*）、管理层效率（*MAGF*）的回归系数显著为正，这说明当公司财务状况不佳或出现经营亏损时，抑或管理效率低下时，盈余操纵的动机或幅度较大。此外，会计师事务所任期（*TENFIRM*）的回归系数显著为负，这表明会计师事务所审计任期的延长并未显著削弱执业独立性，也未损害审计服务质量。

表 5 - 3　多元回归结果之主测试

	模型（5-1）	模型（5-2）
EXP	-0.0001*** (-3.24)	-0.0001** (-2.10)
TENCPA		-0.002*** (-4.95)
$\overline{EXP} \times \overline{TENCPA}$		0.00002** (2.04)
SIZE	-0.006*** (-8.23)	-0.006*** (-7.75)
DEBT	0.015*** (10.86)	0.014*** (10.76)
CASH	0.003*** (3.51)	0.003*** (3.57)
LOSS	0.027*** (11.35)	0.026*** (11.31)
AL	-0.0002 (-1.40)	-0.0002 (-1.63)
AT	0.007*** (5.05)	0.007*** (4.95)
GROW	0.027*** (12.53)	0.026*** (12.40)
TQ	0.004*** (6.18)	0.005*** (6.48)
INDD	0.018 (1.44)	0.018 (1.44)
SUPV	-0.007 (-1.35)	-0.007 (-1.29)
CONC	0.002 (1.19)	0.002 (1.02)

续表

	模型（5-1）	模型（5-2）
MAGF	0.031*** (3.36)	0.032*** (3.44)
BIG	−0.005 (−1.47)	−0.006* (−1.95)
TENFIRM	−0.0004*** (−2.83)	−0.00002 (−0.13)
YEAR	控制	控制
IND	控制	控制
R^2	0.115	0.116
F 值	40.30***	39.05***
N	12158	12158

注：***、** 和 * 分别表示在 0.01、0.05 和 0.1 的水平上显著。

（五）进一步测试

前文研究结果表明，签字注册会计师个体的人口特征对不同方向的盈余操纵行为产生了差异化影响。那么，签字注册会计师个体的执业经验对不同方向的盈余操纵行为的影响可能有所不同。故此，本书区分正向盈余操纵和负向盈余操纵，分别对模型（5-1）和模型（5-2）进行回归分析。从表 5-4 的进一步测试的回归结果中可以看出，在区分盈余操纵的方向之后，在正向盈余操纵中，签字注册会计师的执业经验（EXP）的回归系数依然在 1% 的水平上显著为负，交互项（$\overline{EXP \times TENCPA}$）的系数仍然在 5% 的水平上显著为正；然而，在负向盈余操纵中，执业经验（EXP）与交互项（$\overline{EXP \times TENCPA}$）的回归系数都不显著。这些结果表明，签字注册会计师个体的执业经验能够有效抑制被审计单位管理层的正向盈余操纵行为，但对负向盈余操纵的抑制作用不明显；而且，个体的执业经验与审计任期之间的交互效应也仅存在于客户的正向盈余操纵行为方面。

表5-4　多元回归结果之进一步测试

	正向盈余操纵		负向盈余操纵	
	模型（5-1）	模型（5-2）	模型（5-1）	模型（5-2）
EXP	-0.0001***	-0.0001***	-0.00004	0.00001
	（-3.21）	（-2.84）	（-1.05）	（0.20）
TENCPA		-0.001**		-0.003***
		（-2.36）		（-4.82）
$\overline{EXP} \times \overline{TENCPA}$		0.00003**		0.00001
		（2.27）		（0.79）
SIZE	-0.001	-0.001	-0.013***	-0.012***
	（-1.27）	（-1.01）	（-12.15）	（-11.76）
DEBT	0.009***	0.008***	0.021***	0.021***
	（4.74）	（4.65）	（11.00）	（11.01）
CASH	-0.005***	-0.005***	0.016***	0.016***
	（-4.89）	（-4.90）	（13.51）	（13.56）
LOSS	-0.004	-0.004	0.035***	0.035***
	（-0.97）	（-0.98）	（12.59）	（12.55）
AL	-0.0004	-0.0004*	-0.0002	-0.0002
	（-1.58）	（-1.68）	（-0.87）	（-1.10）
AT	0.007***	0.007***	0.008***	0.008***
	（3.45）	（3.49）	（4.52）	（4.33）
GROW	0.039***	0.039***	0.0004	-0.00001
	（14.99）	（14.97）	（0.10）	（-0.01）
TQ	0.004***	0.004***	0.003***	0.004***
	（4.29）	（4.43）	（3.57）	（3.89）
INDD	0.016	0.015	0.017	0.018
	（0.90）	（0.88）	（0.94）	（0.99）
SUPV	-0.012*	-0.012*	0.00005	0.0002
	（-1.68）	（-1.68）	（-0.03）	（0.02）
CONC	0.004	0.003	0.0003	0.00005
	（1.48）	（1.39）	（0.14）	（0.02）

续表

	正向盈余操纵		负向盈余操纵	
	模型（5-1）	模型（5-2）	模型（5-1）	模型（5-2）
MAGF	0.010 (0.77)	0.011 (0.83)	0.049*** (4.09)	0.049*** (4.09)
BIG	-0.012*** (-2.73)	-0.013*** (-2.94)	0.007 (1.53)	0.005 (1.03)
TENFIRM	-0.001*** (-2.76)	-0.0004 (-1.47)	-0.0002 (-1.00)	0.0004 (1.51)
YEAR	控制	控制	控制	控制
IND	控制	控制	控制	控制
R^2	0.113	0.114	0.188	0.191
F值	21.44***	20.64***	34.05***	33.11***
N	6442	6442	5716	5716

注：***、** 和 * 分别表示在 0.01、0.05 和 0.1 的水平上显著。

（六）稳健性测试

为增强研究结论的稳健性，本书进行三个方面的稳健性测试。

1. 审计质量的替代度量

本部分将 Kothari 等（2005）的模型计算的可操纵性应计的绝对值作为审计质量的替代度量，分别对检验模型（5-1）和模型（5-2）进行回归分析。表5-5稳健性测试Ⅰ的 Panel A 部分的回归结果显示，签字注册会计师个体的执业经验能够抑制被审计单位管理层的盈余操纵行为，确保审计服务质量；而且，个体的执业经验与审计任期之间存在干扰型交互作用。进一步地，Panel B 部分的结果显示，在区分盈余操纵方向之后，上述作用或效应主要存在于被审计单位的正向盈余操纵方面，这与前文结果基本一致。此外，本书将财务重述概率（FR）作为审计质量的度量，实证结果与前文基本一致。

表 5 - 5　回归结果之稳健性测试 I

Panel A	全样本	
	模型 （5 - 1）	模型 （5 - 2）
EXP	- 0. 0001** （ - 2. 50）	- 0. 00004 （ - 1. 54）
TENCPA		- 0. 001*** （ - 4. 26）
$\overline{EXP} \times \overline{TENCPA}$		0. 00001* （1. 76）
SIZE	- 0. 004*** （ - 6. 69）	- 0. 004*** （ - 6. 27）
DEBT	0. 005*** （4. 33）	0. 005*** （4. 24）
CASH	0. 004*** （5. 61）	0. 004*** （5. 67）
LOSS	0. 001 （0. 32）	0. 001 （0. 28）
AL	- 0. 0004*** （ - 2. 61）	- 0. 0004*** （ - 2. 81）
AT	0. 006*** （4. 77）	0. 005*** （4. 69）
GROW	0. 027*** （15. 37）	0. 027*** （15. 26）
TQ	0. 003*** （5. 16）	0. 003*** （5. 41）
INDD	- 0. 001 （ - 0. 11）	- 0. 001 （ - 0. 11）
SUPV	- 0. 009** （ - 2. 11）	- 0. 009** （ - 2. 07）
CONC	0. 0002 （0. 15）	0. 00001 （0. 01）
MAGF	- 0. 008 （ - 1. 09）	- 0. 008 （ - 1. 03）
BIG	- 0. 004 （ - 1. 58）	- 0. 005** （ - 2. 00）
TENFIRM	- 0. 0004*** （ - 2. 77）	- 0. 0001 （ - 0. 40）
YEAR	控制	控制
IND	控制	控制
R^2	0. 105	0. 107
F 值	36. 75***	35. 49***
N	12158	12158

Panel B	正向盈余操纵		负向盈余操纵	
	模型 （5 - 1）	模型 （5 - 2）	模型 （5 - 1）	模型 （5 - 2）
EXP	- 0. 0001* （ - 1. 94）	- 0. 0001 （ - 1. 44）	- 0. 00005* （ - 1. 76）	- 0. 00003 （ - 0. 97）
TENCPA		- 0. 001*** （ - 2. 86）		- 0. 001*** （ - 2. 96）

续表

Panel B	正向盈余操纵		负向盈余操纵	
	模型（5-1）	模型（5-2）	模型（5-1）	模型（5-2）
$\overline{EXP} \times \overline{TENCPA}$		0.00002**		0.00001
		(2.15)		(0.27)
SIZE	-0.003***	-0.003***	-0.006***	-0.006***
	(-3.28)	(-3.03)	(-7.63)	(-7.30)
DEBT	0.005***	0.005***	0.005***	0.005***
	(3.10)	(3.01)	(3.20)	(3.18)
CASH	-0.005***	-0.005***	0.013***	0.013***
	(-5.21)	(-5.22)	(15.08)	(15.11)
LOSS	0.003	0.003	-0.002	-0.002
	(0.98)	(0.94)	(-0.72)	(-0.75)
AL	-0.00001*	-0.00001**	-0.0003*	-0.0003**
	(-1.92)	(-2.04)	(-1.86)	(-2.02)
AT	0.007***	0.007***	0.005***	0.005***
	(3.59)	(3.60)	(3.38)	(3.28)
GROW	0.043***	0.043***	0.006**	0.006**
	(17.39)	(17.40)	(2.52)	(2.41)
TQ	0.001	0.001	0.005***	0.005***
	(0.57)	(0.80)	(6.89)	(7.04)
INDD	0.015	0.015	-0.017	-0.016
	(0.97)	(0.95)	(-1.23)	(-1.19)
SUPV	-0.012*	-0.012*	-0.006	-0.005
	(-1.89)	(-1.90)	(-1.01)	(-0.96)
CONC	0.002	0.001	-0.001	-0.001
	(0.74)	(0.63)	(-0.60)	(-0.72)
MAGF	0.019*	0.020*	-0.034***	-0.034***
	(1.72)	(1.81)	(-3.26)	(-3.27)
BIG	-0.010**	-0.011***	0.002	0.001
	(-2.37)	(-2.60)	(0.62)	(0.28)
TENFIRM	-0.001***	-0.0004*	0.00003	0.0003
	(-3.49)	(-1.72)	(-0.19)	(1.31)

续表

Panel B	正向盈余操纵		负向盈余操纵	
	模型（5－1）	模型（5－2）	模型（5－1）	模型（5－2）
YEAR	控制	控制	控制	控制
IND	控制	控制	控制	控制
R^2	0.122	0.122	0.128	0.129
F 值	21.53***	20.78***	23.84***	22.95***
N	5923	5923	6235	6235

注：***、**和*分别表示在0.01、0.05和0.1的水平上显著。

2. 执业经验的替代度量

本部分将两位签字注册会计师的累计执业年限的较大者作为个体执业经验的替代度量，也即签字注册会计师迄今的执业年数，不针对某一特定客户。它主要包含两层含义：一是对签字注册会计师自签发第一份上市公司审计报告开始，至观测年度（不含当年）的执业年数合计；二是在其执业期间未签发上市公司审计报告的年份不计算在内。表5－6稳健性测试Ⅱ的回归结果显示，签字注册会计师个体执业经验及其与审计任期之间的交互作用对被审计单位的盈余操纵行为产生了显著影响，且主要体现在正向盈余操纵行为方面，这与前文结果基本一致。

表5－6　回归结果之稳健性测试Ⅱ

Panel A	全样本	
	模型（5－1）	模型（5－2）
EXP	－0.0003*（－1.71）	0.00002（0.10）
TENCPA		－0.002***（－5.32）
$\overline{EXP \times TENCPA}$		0.00002*（1.74）
SIZE	－0.006***（－8.18）	－0.005***（－7.65）
DEBT	0.014***（10.81）	0.014***（10.73）

续表

Panel A	全样本	
	模型 (5 - 1)	模型 (5 - 2)
CASH	0.003*** (3.52)	0.003*** (3.61)
LOSS	0.027*** (11.39)	0.027*** (11.38)
AL	− 0.0002 (− 1.40)	− 0.0002* (− 1.65)
AT	0.007*** (5.01)	0.007*** (4.88)
GROW	0.027*** (12.54)	0.026*** (12.36)
TQ	0.004*** (6.24)	0.005*** (6.56)
INDD	0.018 (1.41)	0.018 (1.43)
SUPV	− 0.007 (− 1.29)	− 0.006 (− 1.22)
CONC	0.002 (1.15)	0.002 (0.96)
MAGF	0.031*** (3.36)	0.032*** (3.43)
BIG	− 0.004 (− 1.30)	− 0.006 (− 1.78)
TENFIRM	− 0.0005*** (− 3.15)	− 0.00004 (− 0.25)
YEAR	控制	控制
IND	控制	控制
R^2	0.114	0.116
F 值	40.08***	38.93***
N	12158	12158

Panel B	正向盈余操纵		负向盈余操纵	
	模型 (5 - 1)	模型 (5 - 2)	模型 (5 - 1)	模型 (5 - 2)
EXP	− 0.0004* (− 1.84)	− 0.0002 (− 0.88)	− 0.0002 (− 0.64)	0.0002 (0.98)
TENCPA		− 0.001*** (− 2.66)		− 0.003*** (− 4.96)
$\overline{EXP} \times \overline{TENCPA}$		0.00002* (1.80)		0.00001 (0.90)
SIZE	− 0.001 (− 1.22)	− 0.001 (− 0.90)	− 0.012*** (− 12.14)	− 0.012*** (− 11.74)
DEBT	0.008*** (4.62)	0.008*** (4.54)	0.021*** (11.01)	0.021*** (11.02)

续表

Panel B	正向盈余操纵		负向盈余操纵	
	模型（5－1）	模型（5－2）	模型（5－1）	模型（5－2）
CASH	-0.005***	-0.005***	0.016***	0.016***
	(-4.86)	(-4.85)	(13.52)	(13.56)
LOSS	-0.004	-0.004	0.035***	0.035***
	(-0.97)	(-0.96)	(12.61)	(12.58)
AL	-0.0003	-0.0004*	-0.0002	-0.0002
	(-1.59)	(-1.71)	(-0.87)	(-1.10)
AT	0.007***	0.007***	0.008***	0.008***
	(3.45)	(3.46)	(4.51)	(4.29)
GROW	0.039***	0.039***	0.0004	-0.0001
	(15.01)	(14.93)	(0.10)	(-0.02)
TQ	0.004***	0.005***	0.003***	0.004***
	(4.34)	(4.49)	(3.59)	(3.92)
INDD	0.015	0.015	0.017	0.018
	(0.88)	(0.86)	(0.93)	(0.99)
SUPV	-0.011	-0.011	-0.0001	0.0002
	(-1.60)	(-1.58)	(-0.02)	(0.03)
CONC	0.003	0.003	0.0003	0.00002
	(1.45)	(1.34)	(0.12)	(0.01)
MAGF	0.011	0.012	0.049***	0.049***
	(0.79)	(0.86)	(4.08)	(4.08)
BIG	-0.011**	-0.012***	0.007	0.005
	(-2.57)	(-2.78)	(1.56)	(1.11)
TENFIRM	-0.001***	-0.0004	-0.0002	0.0004
	(-3.06)	(-1.55)	(-1.08)	(1.45)
YEAR	控制	控制	控制	控制
IND	控制	控制	控制	控制
R²	0.112	0.113	0.188	0.191
F值	21.24***	20.44***	34.03***	33.14***
N	6442	6442	5716	5716

注：***、**和*分别表示在0.01、0.05和0.1的水平上显著。

3. 研究样本的净化

已有研究结果表明，当上市公司改聘会计师事务所时，审计质量可能会受到一定程度的影响（谢盛纹、闫焕民，2013）。为避免会计师事务所变更因素对本书研究结论可能产生的影响，本书将研究样本中发生会计师事务所变更的样本公司观测值剔除，然后对检验模型（5-1）和模型（5-2）进行回归分析。表5-7稳健性测试Ⅲ的回归结果显示，在剔除会计师事务所发生变更的样本公司观测值之后，签字注册会计师个体的执业经验对审计质量的影响、执业经验与审计任期之间的交互作用对审计质量的影响依然是显著存在的，这与前文结果基本一致。上述稳健性测试的结果综合表明，本书关于签字注册会计师个体的执业经验与审计质量之间关系的研究结论是比较稳健的。

表5-7　回归结果之稳健性测试Ⅲ

Panel A	全样本	
	模型（5-1）	模型（5-2）
EXP	-0.0001*** (-2.83)	-0.00001** (-1.98)
TENCPA		-0.002*** (-4.16)
$\overline{EXP \times TENCPA}$		0.00002* (1.87)
SIZE	-0.006*** (-7.97)	-0.006*** (-7.52)
DEBT	0.015*** (9.08)	0.015*** (9.05)
CASH	0.001 (1.63)	0.001* (1.71)
LOSS	0.026*** (10.67)	0.026*** (10.66)
AL	-0.0002 (-1.12)	-0.0001 (-1.34)
AT	0.007*** (4.71)	0.007*** (4.64)
GROW	0.031*** (13.40)	0.030*** (13.27)
TQ	0.005*** (6.90)	0.005*** (7.14)
INDD	0.017 (1.30)	0.017 (1.30)
SUPV	-0.005 (-0.87)	-0.004 (-0.82)

续表

Panel A	全样本	
	模型（5－1）	模型（5－2）
CONC	0.002（1.16）	0.002（1.00）
MAGF	0.026***（2.70）	0.028***（2.82）
BIG	－0.002（－0.76）	－0.004（－1.15）
TENFIRM	－0.0003**（－1.86）	0.00002（0.14）
YEAR	控制	控制
IND	控制	控制
R²	0.113	0.114
F 值	35.99***	34.75***
N	11031	11031

Panel B	正向盈余操纵		负向盈余操纵	
	模型（5－1）	模型（5－2）	模型（5－1）	模型（5－2）
EXP	－0.0001*** （－2.93）	－0.00001*** （－2.80）	－0.00003 （－0.76）	0.00001 （0.32）
TENCPA		－0.001* （－1.93）		－0.002*** （－4.18）
$\overline{EXP} \times \overline{TENCPA}$		0.0003** （2.28）		0.000001 （0.52）
SIZE	－0.001 （－1.03）	－0.001 （－0.80）	－0.013*** （－12.18）	－0.013*** （－11.79）
DEBT	0.009*** （4.33）	0.009*** （4.25）	0.022*** （9.04）	0.023*** （9.11）
CASH	－0.007*** （－6.09）	－0.007*** （－6.10）	0.016*** （12.42）	0.017*** （12.50）
LOSS	－0.002 （－0.33）	－0.002 （－0.33）	0.034*** （11.39）	0.034*** （11.39）
AL	－0.0005 （－1.63）	－0.0001* （－1.71）	－0.0001 （－0.52）	－0.0002 （－0.72）
AT	0.007*** （3.20）	0.007*** （3.25）	0.008*** （4.43）	0.008*** （4.28）

续表

Panel B	正向盈余操纵		负向盈余操纵	
	模型（5-1）	模型（5-2）	模型（5-1）	模型（5-2）
GROW	0.046***	0.046***	0.0002	-0.0002
	(16.05)	(16.03)	(0.06)	(-0.07)
TQ	0.005***	0.005***	0.004***	0.004***
	(4.63)	(4.77)	(3.99)	(4.24)
INDD	0.017	0.017	0.011	0.013
	(0.96)	(0.95)	(0.62)	(0.68)
SUPV	-0.008	-0.007	-0.001	-0.001
	(-1.02)	(-1.00)	(-0.14)	(-0.14)
CONC	0.003	0.002	0.002	0.002
	(1.06)	(0.99)	(0.84)	(0.68)
MAGF	0.008	0.009	0.044***	0.044***
	(0.55)	(0.63)	(3.44)	(3.47)
BIG	-0.011**	-0.012***	0.010**	0.008*
	(-2.42)	(-2.60)	(2.24)	(1.81)
TENFIRM	-0.001**	-0.0004	-0.0001	0.0004*
	(-2.24)	(-1.39)	(-0.37)	(1.66)
YEAR	控制	控制	控制	控制
IND	控制	控制	控制	控制
R^2	0.117	0.118	0.184	0.186
F 值	20.42***	19.63***	30.02***	29.10***
N	5865	5865	5166	5166

注：***、** 和 * 分别表示在 0.01、0.05 和 0.1 的水平上显著。

四 本章小结

本章选取 2007 年至 2013 年我国沪深两市的 A 股上市公司为样本，以签字注册会计师个体的执业经验作为审计专业胜任能力的切入点，考察个体执业经验对审计质量产生的影响。研究结果显示：① 在全样本视角下，签字注册会计师个体的执业经验越丰富，对客户审计风险的识别与把握能力越强，越能够准确地判断客户财务报告中的错报或漏报等问题，设计并实施恰当的审计程序，确保审计报告质量。② 在进一步考虑签字注册会计师的执业独立性的情况下，在计量模型中继续纳入签字注册会计师的审计任期因素之后，执业经验与审计任期之间的交互效应对审计质量产生了干扰型交互作用，而非增强型交互作用。出现这一实证结果的可能原因是：签字注册会计师的执业经验作为专业胜任能力的一种体现，有助于确保审计服务质量；但签字注册会计师的审计任期是个体专业胜任能力和执业独立性的综合体现，审计任期的延长一方面有助于签字注册会计师增加与该特定客户相关的审计经验，另一方面也会不可避免地提高其与客户管理层之间的熟悉程度，进而影响实质上的执业独立性。简言之，审计任期同时影响特定客户审计经验和执业独立性，导致执业经验与审计任期对审计质量的干扰型交互作用的最终呈现。③ 在区分盈余操纵的方向之后，签字注册会计师个体的执业经验能够有效抑制被审计单位管理层的正向盈余操纵行为，但对负向盈余操纵的抑制作用不明显；而且，个体的执业经验与审计任期之间的交互效应也仅存在于客户的正向盈余操纵行为方面。④ 通过稳健性测试，对审计质量、签字注册会计师的执业经验进行其他替代度量，消除会计师事务所变更因素可能产生的影响，得到的多元回归分析结果与主测试结果基本一致。

第六章 签字注册会计师个体的执业集中度与审计质量之间关系的实证检验

一 理论分析与假设提出

从理论上讲,签字注册会计师个体在某一个或某几个行业集中执业,有助于其对该行业客户的财务状况、发展潜力及行业环境等信息的全面了解,有助于其对与该行业客户相关的执业经验的积累和审计技术的提高,从而更好地确保审计质量。也即,签字注册会计师个体的执业集中度体现了他(她)在特定行业的执业经验,是其执业能力的最核心要素。具体到客户审计业务中,签字注册会计师个体的行业集中水平所反映出来的行业专业执业能力,能够帮助其发现特定行业内的客户在会计确认与核算等方面的错误或舞弊行为,影响其与客户管理层之间关于利润指标及审计调整的谈判,进而影响客户的盈余管理幅度。此外,这种专业能力也会间接地提高其对客户进行风险评估的能力,增强审计策略与审计计划的针对性,提高审计程序的执行效率以及审计证据的获取与审计结论的形成效率,进而提高审计服务质量。基于这一分析,提出本书的假设6-1:

　　假设6-1：限定其他条件，签字注册会计师个体的执业集中度与审计质量正相关。

　　上述假设主要是在暂不考虑签字注册会计师执业独立性的情况下，整体上检验签字注册会计师个体的执业集中度对审计质量的影响。但事实上，签字注册会计师个体的执业集中度也是他（她）在特定行业的执业能力的重要体现，其作用的发挥自然也会受到签字注册会计师执业独立性的交互影响。与签字注册会计师个体的执业经验和审计任期（影响执业独立性）之间的交互效应类似，签字注册会计师个体执业集中度对审计质量会有影响，审计任期对审计质量亦有影响，而且审计任期又很可能会影响到签字注册会计师个体执业集中度对审计质量的影响。也即，签字注册会计师个体的执业集中度与审计任期两个重要因素的共同作用对审计质量的影响不等于二者分别对审计质量的影响的简单数学之和。也就是说，签字注册会计师个体的执业集中度与审计任期之间存在交互效应，但至于这种交互效应是增强型交互效应，还是干扰型交互效应，有待进一步检验。据此分析，提出本书的假设6-2：

　　假设6-2：限定其他条件，签字注册会计师个体的执业集中度与审计任期之间存在交互效应。

二　变量定义与模型构建

（一）变量定义

1. 审计质量

　　遵照研究惯例并借鉴已有的优秀研究成果，在主测试部分将修正Jones模型计算的可操纵性应计绝对值（｜DA｜）作为审计质量的替代度量（刘启亮、唐建新，2009；Chen et al.，2010；Firth et al. , 2011），详见前文所述。

2. 执业集中度

关于签字注册会计师个体在执业过程中的执业集中度的度量，曾有学者以签字注册会计师在某会计年度当年的签字情况为标准进行衡量（Chin and Chi, 2009；Zerni, 2012）。但在我国审计市场上，本书已经收集和整理的年报审计报告及签字注册会计师数据显示，大多数的注册会计师在某会计年度在某一特定行业审计且签字的客户公司数量是1，而且在不同年度的执业期间内审计的客户所属行业有所不同。依据 Zerni（2012）的方法计算出来的签字注册会计师个人在某会计年度在某行业的执业集中度的数值也大都等于1，这样根本无法体现不同签字注册会计师之间在执业集中度方面的异质性，即该方法不适合我国具体的审计市场环境。所谓执业集中度，究其本质，即签字注册会计师对某一行业的客户进行重复审计工作而形成的特定审计经验，它体现了签字注册会计师在其整个执业过程中的经验积累，而不仅限于会计年度当年。故而，本书借鉴吴溪（2009）、原红旗和韩维芳（2012）的度量方法，并结合现有文献研究中广泛使用的行业市场份额法对其进行改进，对签字注册会计师个体的执业集中度（CON）进行度量，具体的计算方法如下：

第一步，签字注册会计师 i 在会计年度 t 在某行业 k 中的执业集中度 CON_{ikt} 为：

$$CON_{ikt} = \frac{\sum_{T=1}^{T=n-1} \sum_{j=1}^{J_{ik}} A_{ikj}}{\sum_{T=1}^{T=n-1} \sum_{k=1}^{K_i} \sum_{j=1}^{J_{ik}} A_{ikj}} \qquad (6-1)$$

其中，CON_{ikt} 表示签字注册会计师 i 在会计年度 t 在行业 k 中的执业集中度；A_{ikj} 表示签字注册会计师 i 在特定行业 k 中审计的客户 j

的总资产的自然对数；J_{ik} 表示签字注册会计师 i 在特定行业 k 中审计的客户数；K_i 表示签字注册会计师 i 审计的行业总数；T 表示在观察年度之前签字注册会计师 i 的累计执业年数总和。[①]

第二步，考虑到在我国上市公司的财务报表审计报告中通常有两位注册会计师签字（$i=1$，2），本书借鉴上文对签字注册会计师个体执业经验的衡量方法，将两位签字注册会计师中个体执业集中度数值较高者作为对客户进行审计且签字的注册会计师执业集中度的替代度量。

3. 审计任期

根据上文所述，签字注册会计师的审计任期（*TENCPA*）的取值为两位签字注册会计师中对某客户的累计签字年限较长者。

（二）模型构建

针对假设 6-1，即在暂不考虑签字注册会计师执业独立性的情况下，初步检验签字注册会计师个体的执业集中度对审计质量的影响，借鉴 Zerni（2012）、原红旗和韩维芳（2012）等的研究经验构建模型如下：

$$|DA| = \alpha_0 + \alpha_1 CON + \sum \alpha_{i+1} X + \varepsilon \qquad (6-2)$$

其中，被解释变量 | *DA* | 表示可操纵性应计的绝对值，用以衡量审计质量；主要解释变量 *CON* 表示签字注册会计师个体的执业集中度；*X* 表示控制变量组合，主要包括公司规模、内部治理结构及会计

---

① 在此需要说明的是，签字注册会计师个体的执业集中度在本质上反映的是其个人在某一客户行业的审计经验积累或行业审计专长，然而在严格意义上，观察年度当年的客户审计业务不能算作其个人已经积累的行业审计经验。换言之，签字注册会计师个体的执业集中度的度量区间应当是观测年度之前的所有执业年度。

师事务所特征等多个方面的影响因素，与前文的模型（4-1）同理。

针对假设6-2，即在考虑签字注册会计师执业独立性的情况下，进一步考察签字注册会计师个体的执业集中度与审计任期之间的交互效应对审计质量产生的影响并构建模型如下：

$$|DA| = \alpha_0 + \alpha_1 CON + \alpha_2 TENCPA + \alpha_3 \overline{CON} \times \overline{TENCPA} + \sum \alpha_{i+3} X + \varepsilon$$

$$(6-3)$$

其中，被解释变量 $|DA|$ 表示可操纵性应计的绝对值，用以衡量审计质量；CON 表示签字注册会计师个体的执业集中度；$TENCPA$ 表示签字注册会计师的审计任期；$\overline{CON}$ 与 $\overline{TENCPA}$ 是将变量 CON 与 $TENCPA$ 进行对中处理的结果；X 表示控制变量组合，同上理。考虑到 CON、$TENCPA$ 及二者的交互项之间可能存在多重共线性问题，故本书借鉴陈晓萍等（2008）的研究经验，采用对中处理方法，避免或减弱回归方程中上述变量之间可能存在的多重共线性问题的影响。

三　实证分析与结果描述

（一）样本选择

本书选取 2007 年至 2013 年我国沪深两市的 A 股上市公司及其财务报告主审会计师事务所、签字注册会计师为研究样本，样本数据是严格依据 CSMAR 数据库与 Wind 数据库、各公司年度财务报告及中国注册会计师行业管理信息系统进行手工搜集与整理所得的。在此基础上，遵照学者研究惯例对初始研究样本进行筛选：首先，剔除行业性质特殊的金融与保险业上市公司观测值，剔除观测年度 IPO

或者主要财务数据缺失导致无法计算可操纵性应计利润的上市公司观测值，剔除年度行业观测值数量少于 15 个的公司观测值；其次，为消除极端异常值可能产生的潜在影响，对检验模型中的全部连续变量进行首尾 1% 截尾处理；最后，获得研究样本观测值 12158 个。

（二）描述性统计

表 6 - 1 列示了检验模型中主要变量的描述性统计结果。从表 6 - 1 中可以看出，主要检验变量可操纵性应计绝对值（｜DA｜）的均值为 0.072，中值为 0.049，标准差为 0.077，极小值与极大值分别为 0.001 和 0.597，数据整体分布较为合理。签字注册会计师个体的执业集中度（CON）的均值为 0.457，这表明上市公司审计报告中的两位签字注册会计师中执业集中度较大者在观测年度之前在某特定行业的执业集中度的平均值为 0.457。进一步地，执业集中度（CON）的极小值与极大值分别是 0 与 1。这说明有一些上市公司审计报告的签字注册会计师在接手该公司年报审计业务之前，没有与该公司所属行业相关的上市公司的执业经验；也有一些执业集中度较大的签字注册会计师在观察年度之前只在某一个特定行业进行上市公司审计业务活动。这也进一步地说明了我国上市公司审计市场中签字注册会计师个体之间在执业集中度方面存在较大的异质性。因此，针对签字注册会计师个体执业集中度与审计质量相关问题的研究是十分必要的。

表 6 - 1　描述性统计

	Obs	Mean	Median	Std. Dev.	Min	Max
｜DA｜	12158	0.072	0.049	0.077	0.001	0.597
CON	12158	0.457	1	0.362	0	1
SIZE	12158	21.758	21.6	1.3	16.508	28.482

续表

	Obs	Mean	Median	Std. Dev.	Min	Max
DEBT	12158	0.502	0.483	0.529	0.007	20.247
CASH	12158	0.073	0.005	0.949	-6.672	22.461
LOSS	12158	0.102	0	0.302	0	1
AL	12158	2.377	1.395	4.717	0.002	204.742
AT	12158	0.696	0.57	0.569	0	9.31
GROW	12158	0.156	0.098	0.364	-0.979	10.513
TQ	12158	1.858	1.49	1.182	0.611	7.605
INDD	12158	0.366	0.333	0.055	0.2	0.571
SUPV	12158	0.428	0.375	0.133	0.143	0.833
CONC	12158	0.198	0	0.398	0	1
MAGF	12158	0.097	0.073	0.092	0.009	0.626
BIG	12158	0.059	0	0.236	0	1
TENFIRM	12158	6.077	4	4.654	1	19

（三）相关性分析

表6-2列示了检验模型主要变量之间的相关系数矩阵。从表6-2中可以看出，签字注册会计师个体的执业集中度（CON）与可操纵性应计的绝对值（｜DA｜）之间的相关系数在1%的水平上显著为负。这初步表明签字注册会计师个体的执业集中度越高，他（她）们在该行业内积累的执业经验通常越丰富，对该行业内上市公司的审计相关知识越熟悉，这自然有助于识别并抑制公司管理层的盈余操纵行为，确保审计服务质量，这与本书的预期是吻合的。此外，公司规模（SIZE）、监事会规模（SUPV）、聘请的会计师事务所规模（BIG）及事务所任期（TENFIRM）与可操纵性应计的绝对值（｜DA｜）之间的相关系数都是显著为负的，这说明公司规模越大、

表 6-2　相关系数矩阵

变量	I DA I	CON	SIZE	DEBT	CASH	LOSS	AL	AT	GROW	TQ	INDD	SUPV	CONC	MAGF	BIG
CON	-0.041***	1													
SIZE	-0.114***	0.104***	1												
DEBT	0.140***	0.023**	0.022**	1											
CASH	0.086***	-0.015	0.110***	0.032***	1										
LOSS	0.112***	0.009	-0.126***	0.158***	-0.057***	1									
AL	-0.022**	-0.054***	-0.153***	-0.204***	0.001	-0.085***	1								
AT	-0.002	0.037***	0.070***	0.051***	0.030***	-0.042***	-0.064***	1							
GROW	0.102***	-0.043***	0.111***	-0.067***	0.452***	-0.170***	0.061***	-0.046***	1						
TQ	0.118***	-0.035***	-0.432***	0.109***	0.026***	0.066***	0.042***	0.000	-0.051***	1					
INDD	0.007	0.019***	0.056***	-0.013	-0.011	-0.016*	0.023**	-0.039***	0.003	0.004	1				
SUPV	-0.018**	0.049***	0.075***	0.030***	0.013	0.018*	-0.052***	0.030***	-0.039***	-0.005	0.205***	1			
CONC	0.017	-0.050***	-0.167***	-0.060***	-0.030***	-0.008	0.125***	-0.052***	0.041***	0.041***	0.076***	-0.056***	1		
MAGF	0.093***	-0.046***	-0.379***	0.096***	-0.048***	0.207***	0.138***	-0.370***	-0.096***	0.300***	0.013	-0.048***	0.092***	1	
BIG	-0.056***	0.098***	0.400***	0.018**	0.024**	-0.028**	-0.058***	0.021***	0.003	-0.107***	0.046***	0.034***	-0.074***	-0.089***	1
TENFIRM	-0.023**	0.085***	0.121***	0.066***	0.050***	0.005	-0.145***	0.082***	-0.074***	0.013	-0.010	0.094***	-0.111***	-0.059***	-0.006

注：***、** 和 * 分别表示在 0.01、0.05 和 0.1 的水平上显著。

内部治理机制越完善抑或公司主动聘请声誉越好的大规模会计师事务所，管理层的盈余操纵幅度相对较小。然而，管理层权力集中度（CONC）、管理层效率（MAGF）、财务状况（DEBT）、经营业绩（LOSS）与可操纵性应计的绝对值（｜DA｜）均呈显著正相关关系，这初步表明公司管理层权力分布越集中、管理效率越低下，尤其在财务状况不佳或经营亏损时，管理层进行盈余管理的动机可能就越强烈。另外，模型中的其他各变量之间的相关系数大都小于0.4，这说明检验模型的设计、变量的选取较为合理，不存在严重的多重共线性问题。

（四）多元回归分析

表 6 - 3 列示了模型（6 - 1）和模型（6 - 2）的多元回归结果。在主测试部分，从表 6 - 3 的第二列可以看出，以可操纵性应计的绝对值（｜DA｜）作为审计质量的替代度量，签字注册会计师的执业集中度（CON）的回归系数在 1% 的水平上显著为负，这表明签字注册会计师个体的执业集中度越高，对客户所属行业的审计业务相关知识越为熟悉，对该行业的整体发展水平与未来发展前景、行业政策的变化及其对行业内上市公司产生的具体影响等相关信息的掌握越全面，对该特定行业的审计风险的防范与控制能力越强，都将有助于确保审计服务质量；也即，这一结果支持了本书假设 6 - 1。

表 6 - 3   多元回归结果之主测试

	模型（6 - 1）	模型（6 - 2）
CON	− 0.005*** (− 2.71)	− 0.003 (− 1.44)
TENCPA		− 0.002*** (− 4.71)
$\overline{CON \times TENCPA}$		0.002*** (2.79)
SIZE	− 0.006*** (− 7.97)	− 0.006*** (− 7.72)
DEBT	0.014*** (10.83)	0.014*** (10.74)

续表

	模型（6-1）	模型（6-2）
CASH	0.003（3.51）	0.003*** (3.49)
LOSS	0.027*** (11.48)	0.027*** (11.40)
AL	-0.0002 (-1.44)	-0.0002* (-1.66)
AT	0.007*** (5.04)	0.007*** (4.90)
GROW	0.026*** (12.42)	0.026*** (12.30)
TQ	0.004*** (6.26)	0.005*** (6.54)
INDD	0.018 (1.45)	0.018 (1.45)
SUPV	-0.006 (-1.18)	-0.006 (-1.22)
CONC	0.002 (1.08)	0.002 (0.95)
MAGF	0.031*** (3.38)	0.031*** (3.39)
BIG	-0.003 (-0.96)	-0.005 (-1.57)
TENFIRM	-0.001 (-3.53)	-0.00003 (-0.17)
YEAR	控制	控制
IND	控制	控制
R^2	0.114	0.117
F值	40.21***	39.15***
N	12158	12158

注：***、*分别表示在0.01、0.1的水平上显著。

从表6-3的第三列可以看出，在考虑签字注册会计师的执业独立性的情况下，在模型中继续纳入签字注册会计师的审计任期（TENCPA）及交互项（$\overline{CON} \times \overline{TENCPA}$）之后，交互项（$\overline{CON} \times \overline{TENCPA}$）的系数在1%的水平上显著为正，这说明签字注册会计师的执业集中度与审计任期之间的交互效应对审计质量产生了干扰型交互作用，这支持了本书假设6-2。具体而言，签字注册会计师的执业集中度反映了他（她）们在某一特定行业开展上市公司财务报告审计业务的集中程度，体现了与该行业相关的执业经验积累或审计行业专攻是其审计专业胜任能力的具体表现。这种专业胜任能力有助于签字注册会计师执行更为有效的审计程序，获取充分恰当的审计证据，最终确保审计服务的质量。然而，根据前文所述，签字注册会计师的审计任期作为个体专业胜任能力和执业独立性的综合体现，使签字注册会计师个体的执业集中度与审计任期对审计质量产生的综合作用，不等同于执业集中度和审计任期分别对审计质量产生的单独作用的简单数学之和，二者之间产生了一种干扰型交互作用。对于这种干扰型交互作用，其可能的解释是：签字注册会计师个体的执业集中度越高，其提供的审计服务质量越高；审计任期越长，特定客户相关的"学习效应"将有越助于审计质量的提高，但签字注册会计师个体与客户管理层之间的人际关系也伴随着审计任期的延长而不断增强（谢盛纹、闫焕民，2014），这难免会对实质上的执业独立性产生一定的损害，进而削弱执业集中度对审计质量产生的提高作用。在此情况下，签字注册会计师个体的执业集中度与审计任期之间呈现出一种干扰型交互作用也就不足为奇了。在此需要说明的是，在模型（6-2）的回归结果中，交互项（$\overline{CON} \times \overline{TENCPA}$）代表净交互效应，执业集中度（$CON$）与审计任期（$TENCPA$）代表的不是主效应，而是部分效应。

在控制变量方面，公司规模（$SIZE$）的回归系数在1%的水平上显著为负，说明规模较大的公司的盈余操纵动机相对较小。然而，财务状况（$DEBT$）、经营业绩（$LOSS$）、管理层效率（$MAGF$）的回归系数显著为正，说明公司在财务状况不佳、经营亏损或管理效率低下时，发生盈余操纵行为的可能性就越大。

（五）进一步测试

前文研究结果表明，签字注册会计师个体的人口特征、执业经验对不同方向的盈余操纵行为产生的影响有所不同。那么，签字注册会计师个体的执业集中度是否会对不同方向的盈余操纵行为产生差异化影响？为探讨这一问题，本书将盈余操纵行为区分为正向盈余操纵和负向盈余操纵，分别对模型（6－1）和模型（6－2）进行多元回归。从表6－4的进一步测试的回归结果可以看出，在区分盈余操纵方向之后，在正向盈余操纵活动中，签字注册会计师的执业集中度（CON）的回归系数在5%的水平上显著为负，交互项（$\overline{CON} \times \overline{TENCPA}$）的系数仍然在1%的水平上显著为正；然而，在负向盈余操纵活动中，执业集中度（CON）与交互项（$\overline{CON} \times \overline{TENCPA}$）的回归系数都不显著。这些结果表明，签字注册会计师个体的执业集中度越高，越有助于抑制被审计单位管理层的正向盈余操纵行为，但对负向盈余操纵的抑制作用不明显。而且，个体的执业集中度与审计任期之间的交互效应也仅存在于客户的正向盈余操纵行为方面，这可能与签字注册会计师及其审计团队成员在审计业务的具体执行过程中往往更加注意客户管理层的正向盈余操纵行为有一定的关系。

表6－4 多元回归结果之进一步测试

	正向盈余操纵		负向盈余操纵	
	模型（6－1）	模型（6－2）	模型（6－1）	模型（6－2）
CON	－ 0. 006**	－ 0. 004	－ 0. 003	－ 0. 001
	（－ 2. 50）	（－ 1. 62）	（－ 1. 28）	（－ 0. 38）
$TENCPA$		－ 0. 001**		－ 0. 002***
		（－ 2. 05）		（－ 4. 66）
$\overline{CON} \times \overline{TENCPA}$		0. 003***		0. 001
		（2. 81）		（0. 98）
$SIZE$	－ 0. 001	－ 0. 001	－ 0. 012***	－ 0. 012***
	（－ 0. 96）	（－ 0. 91）	（－ 12. 06）	（－ 11. 78）
$DEBT$	0. 008***	0. 008***	0. 021***	0. 021***
	（4. 68）	（4. 61）	（11. 00）	（11. 00）
$CASH$	－ 0. 005***	－ 0. 005***	0. 016***	0. 016***
	（－ 4. 88）	（－ 4. 91）	（13. 51）	（13. 50）

续表

	正向盈余操纵		负向盈余操纵	
	模型（6-1）	模型（6-2）	模型（6-1）	模型（6-2）
LOSS	-0.004 (-0.88)	-0.004 (-0.91)	0.035*** (12.64)	0.035*** (12.56)
AL	-0.0004 (-1.64)	-0.0004* (-1.75)	-0.0002 (-0.89)	-0.0002 (-1.08)
AT	0.007*** (3.49)	0.007*** (3.40)	0.008*** (4.51)	0.008*** (4.37)
GROW	0.039*** (14.88)	0.039*** (14.78)	0.0003 (0.07)	0.0001 (0.02)
TQ	0.004*** (4.37)	0.005*** (4.48)	0.003*** (3.59)	0.004*** (3.88)
INDD	0.016 (0.91)	0.016 (0.91)	0.017 (0.94)	0.018 (0.99)
SUPV	-0.011 (-1.51)	-0.011 (-1.60)	0.0003 (0.04)	0.0003 (0.04)
CONC	0.003 (1.40)	0.003 (1.34)	0.0002 (0.09)	0.00004 (0.01)
MAGF	0.011 (0.80)	0.011 (0.79)	0.049*** (4.10)	0.049*** (4.08)
BIG	-0.010** (-2.26)	-0.011** (-2.48)	0.008* (1.74)	0.005 (1.07)
TENFIRM	-0.001*** (-3.47)	-0.0004 (-1.55)	-0.0003 (-1.20)	0.0004 (1.57)
YEAR	控制	控制	控制	控制
IND	控制	控制	控制	控制
R^2	0.112	0.114	0.188	0.191
F 值	21.32***	20.66***	34.07***	33.12***
N	6442	6442	5716	5716

注：***、**和*分别表示在0.01、0.05和0.1的水平上显著。

（六）稳健性测试

为增加研究结论的稳健性，本书进行三个方面的稳健性测试。

1. 审计质量的替代度量

本部分将 Kothari 等（2005）的模型计算的可操纵性应计的绝对值作为审计质量的替代度量，分别对检验模型（6 - 1）和模型（6 - 2）进行回归分析。表 6 - 5 稳健性测试 I 的回归结果显示，签字注册会计师个体的执业集中度越高，越有助于抑制被审计单位管理层的正向盈余操纵行为，以确保审计服务的质量；而且，个体的执业集中度与审计任期之间存在显著的干扰型交互作用，这种作用主要体现在被审计单位的正向盈余操纵方面，这与前文结果基本一致。此外，与前文同理，采用财务重述概率（FR）作为审计质量的度量，实证结果与前文基本一致。

表 6 - 5　回归结果之稳健性测试 I

Panel A	全样本	
	模型（6 - 1）	模型（6 - 2）
CON	- 0.002（- 1.44）	- 0.001（- 0.39）
TENCPA	- 0.001*** （- 4.13）	
$\overline{CON} \times \overline{TENCPA}$	0.002** （2.22）	
SIZE	- 0.004*** （- 6.53）	- 0.004*** （- 6.30）
DEBT	0.005*** （4.31）	0.005*** （4.23）
CASH	0.004*** （5.62）	0.004*** （5.61）
LOSS	0.001（0.41）	0.001（0.34）
AL	- 0.0003*** （- 2.63）	- 0.0004*** （- 2.83）
AT	0.006*** （4.74）	0.005*** （4.62）
GROW	0.027*** （15.31）	0.027*** （15.20）
TQ	0.003*** （5.22）	0.003*** （5.46）

续表

Panel A	全样本	
	模型 (6-1)	模型 (6-2)
INDD	-0.001 (-0.12)	-0.001 (-0.11)
SUPV	-0.009** (-2.00)	-0.009** (-2.03)
CONC	0.0001 (0.08)	-0.00005 (-0.03)
MAGF	-0.008 (-1.09)	-0.008 (-1.08)
BIG	-0.003 (-1.23)	-0.005* (-1.76)
TENFIRM	-0.0004*** (-3.38)	-0.0001 (-0.40)
YEAR	控制	控制
IND	控制	控制
R^2	0.105	0.107
F 值	36.63***	35.51***
N	12158	12158

Panel B	正向盈余操纵		负向盈余操纵	
	模型 (6-1)	模型 (6-2)	模型 (6-1)	模型 (6-2)
CON	-0.006*** (-2.63)	-0.004* (-1.74)	0.001 (0.62)	0.003 (1.18)
TENCPA	-0.001** (-2.20)	-0.001*** (-3.47)		
$\overline{CON} \times \overline{TENCPA}$	0.003*** (2.77)	0.0002 (0.17)		
SIZE	-0.003*** (-3.05)	-0.003*** (-3.00)	-0.006*** (-7.62)	-0.006*** (-7.32)
DEBT	0.005*** (3.03)	0.005*** (2.96)	0.005*** (3.25)	0.005*** (3.22)
CASH	-0.005*** (-5.21)	-0.005*** (-5.27)	0.013*** (15.08)	0.013*** (15.11)
LOSS	0.003 (1.09)	0.003 (1.08)	-0.002 (-0.66)	-0.002 (-0.73)
AL	-0.0004** (-2.00)	-0.0004** (-2.10)	-0.0003* (-1.85)	-0.0003** (-2.02)

Panel B	正向盈余操纵		负向盈余操纵	
	模型（6-1）	模型（6-2）	模型（6-1）	模型（6-2）
AT	0.007***	0.006***	0.005***	0.005***
	（3.64）	（3.54）	（3.32）	（3.23）
GROW	0.043***	0.042***	0.007**	0.006**
	（17.31）	（17.25）	（2.53）	（2.44）
TQ	0.001	0.001	0.005***	0.005***
	（0.67）	（0.83）	（6.94）	（7.10）
INDD	0.015	0.015	-0.017	-0.017
	（0.97）	（0.96）	（-1.27）	（-1.22）
SUPV	-0.011*	-0.012*	-0.006	-0.005
	（-1.75）	（-1.86）	（-1.00）	（-0.97）
CONC	0.001	0.001	-0.001	-0.001
	（0.66）	（0.59）	（-0.63）	（-0.74）
MAGF	0.020*	0.019*	-0.034***	-0.034***
	（1.73）	（1.71）	（-3.29）	（-3.30）
BIG	-0.008**	-0.010**	0.003	0.001
	（-2.03）	（-2.29）	（0.79）	（0.26）
TENFIRM	-0.001***	-0.0004*	-0.0001	0.0002
	（-3.95）	（-1.81）	（-0.70）	（1.27）
YEAR	控制	控制	控制	控制
IND	控制	控制	控制	控制
R^2	0.122	0.124	0.127	0.129
F值	21.62***	20.96***	23.76***	22.96***
N	5923	5923	6235	6235

注：***、**和*分别表示在0.01、0.05和0.1的水平上显著。

2. 执业集中度的替代度量

本部分将两位签字注册会计师在观测年度之前累计在某行业审计的客户数量的较大者作为个体执业集中度的替代度量，然后对检验模型（6-1）和模型（6-2）分别进行多元回归。从表6-6稳健性测试Ⅱ的回归结果可以看出，签字注册会计师个体的执业集中度及其与审计任期之间的交互作用对被审计单位的盈余操纵行为产生了显著影响，且这种影响作用主要体现在正向盈余操纵行为方面，与前文结果基本一致。

表6-6　回归结果之稳健性测试Ⅱ

Panel A	全样本	
	模型（6-1）	模型（6-2）
CON	-0.001***（-3.50）	-0.0003（-1.48）
$TENCPA$		-0.002***（-4.45）
$\overline{CON} \times \overline{TENCPA}$		0.0001*（1.74）
$SIZE$	-0.006***（-8.04）	-0.006***（-7.71）
$DEBT$	0.014***（10.85）	0.014***（10.73）
$CASH$	0.003***（3.54）	0.003***（3.58）
$LOSS$	0.027***（11.44）	0.026***（11.35）
AL	-0.0002（-1.41）	-0.0002（-1.63）
AT	0.007***（5.01）	0.007***（4.92）
$GROW$	0.026***（12.44）	0.026***（12.35）
TQ	0.004***（6.21）	0.005***（6.52）
$INDD$	0.018（1.45）	0.018（1.44）
$SUPV$	-0.006（-1.25）	-0.006（-1.22）
$CONC$	0.002（1.13）	0.002（0.98）
$MAGF$	0.031***（3.36）	0.031***（3.43）
BIG	-0.004（-1.41）	-0.006*（-1.80）
$TENFIRM$	-0.0003**（-2.46）	-0.00002（-0.14）
$YEAR$	控制	控制
IND	控制	控制
R^2	0.115	0.116
F值	40.35***	38.96***
N	12158	12158

续表

Panel B	正向盈余操纵		负向盈余操纵	
	模型（6－1）	模型（6－2）	模型（6－1）	模型（6－2）
CON	－0.0004**	－0.0003	－0.001***	－0.0001
	（－2.04）	（－1.23）	（－2.69）	（－0.61）
$\overline{TENCPA}$		－0.001**		－0.0002***
		（－2.37）		（－4.19）
$\overline{CON} \times \overline{TENCPA}$		0.0001*		0.0001
		（1.88）		（0.91）
SIZE	－0.001	－0.001	－0.012***	－0.012***
	（－1.11）	（－0.91）	（－11.78）	（－11.78）
DEBT	0.008***	0.008***	0.021***	0.021***
	（4.69）	（4.56）	（11.00）	（11.00）
CASH	－0.005***	－0.005***	0.016***	0.016***
	（－4.84）	（－4.86）	（13.56）	（13.56）
LOSS	－0.004	－0.004	0.035***	0.035***
	（－0.90）	（－0.95）	（12.53）	（12.53）
AL	－0.0003	－0.0004*	－0.0001	－0.0002
	（－1.58）	（－1.70）	（－1.09）	（－1.09）
AT	0.007***	0.007***	0.009***	0.008***
	（3.44）	（3.45）	（4.38）	（4.38）
GROW	0.039***	0.039***	0.0001	0.00001
	（14.93）	（14.88）	（0.00）	（0.00）
TQ	0.004***	0.005***	0.003***	0.004***
	（4.33）	（4.49）	（3.87）	（3.87）
INDD	0.016	0.016	0.017	0.017
	（0.91）	（0.91）	（0.98）	（0.98）
SUPV	－0.011	－0.011	0.0001	0.0003
	（－1.56）	（－1.58）	（0.04）	（0.04）
CONC	0.003	0.003	0.0003	0.0001
	（1.44）	（1.35）	（0.03）	（0.03）
MAGF	0.011	0.012	0.049***	0.049***
	（0.79）	（0.85）	（4.09）	（4.09）
BIG	－0.011**	－0.012***	0.006	0.004
	（－2.58）	（－2.76）	（1.01）	（1.01）

续表

Panel B	正向盈余操纵		负向盈余操纵	
	模型 (6-1)	模型 (6-2)	模型 (6-1)	模型 (6-2)
TENFIRM	-0.001***	-0.0004	-0.0001	0.0004
	(-2.84)	(-1.50)	(-1.58)	(1.58)
YEAR	控制	控制	控制	控制
IND	控制	控制	控制	控制
R^2	0.112	0.113	0.189	0.191
F 值	21.26***	20.44***	34.24***	33.12***
N	6442	6442	5716	5716

注：***、** 和 * 分别表示在 0.01、0.05 和 0.1 的水平上显著。

3. 研究样本的净化

根据上文研究，为避免会计师事务所变更因素对本书研究结论可能产生的影响，本书将研究样本中发生会计师事务所变更的样本公司观测值剔除，然后对检验模型（6-1）和模型（6-2）进行多元回归分析。表6-7稳健性测试Ⅲ的回归结果显示，在剔除会计师事务所发生变更的样本公司观测值之后，签字注册会计师个体的执业集中度对以可操纵性应计绝对值衡量的审计质量产生的影响、个体的执业集中度与审计任期之间的干扰型交互作用对审计质量产生的影响都是显著存在的，这与前文结果基本一致。综上所述，稳健性测试的回归结果表明，本书关于签字注册会计师个体的执业集中度与审计质量之间关系的研究结论是比较稳健的。

表6-7 回归结果之稳健性测试Ⅲ

Panel A	全样本	
	模型 (6-1)	模型 (6-2)
CON	-0.004* (-1.89)	-0.002 (-1.14)
TENCPA		-0.0002*** (-4.11)

续表

Panel A	全样本	
	模型（6-1）	模型（6-2）
$\overline{CON \times TENCPA}$		0.002** (2.45)
SIZE	-0.006*** (-7.75)	-0.006*** (-7.49)
DEBT	0.015*** (9.09)	0.015*** (9.09)
CASH	0.001* (1.66)	0.001* (1.66)
LOSS	0.027*** (10.79)	0.027*** (10.76)
AL	-0.0002 (-1.18)	-0.0002 (-1.39)
AT	0.007*** (4.69)	0.007*** (4.58)
GROW	0.030*** (13.30)	0.030*** (13.15)
TQ	0.005*** (6.97)	0.005*** (7.20)
INDD	0.017 (1.29)	0.017 (1.31)
SUPV	-0.004 (-0.72)	-0.004 (-0.76)
CONC	0.002 (1.06)	0.002 (0.91)
MAGF	0.027*** (2.74)	0.027*** (2.81)
BIG	-0.001 (-0.30)	-0.003 (-0.78)
TENFIRM	-0.0004*** (-2.60)	-0.00001 (-0.05)
YEAR	控制	控制
IND	控制	控制
R^2	0.112	0.114
F 值	35.87***	34.80***
N	11031	11031

Panel B	正向盈余操纵		负向盈余操纵	
	模型（6-1）	模型（6-2）	模型（6-1）	模型（6-2）
CON	-0.005* (-1.83)	-0.004 (-1.33)	-0.002 (-0.82)	-0.001 (-0.24)
TENCPA		-0.001* (-1.73)		-0.0001*** (-4.16)
$\overline{CON \times TENCPA}$		0.003** (2.53)		0.001 (0.78)

续表

Panel B	正向盈余操纵		负向盈余操纵	
	模型（6-1）	模型（6-2）	模型（6-1）	模型（6-2）
SIZE	-0.001 （-0.78）	-0.001 （-0.71）	-0.013*** （-12.09）	-0.013*** （-11.81）
DEBT	0.009*** （4.30）	0.009*** （4.28）	0.022*** （9.06）	0.023*** （9.11）
CASH	-0.007*** （-6.06）	-0.007*** （-6.08）	0.017*** （12.43）	0.017*** （12.45）
LOSS	-0.001 （-0.25）	-0.001 （-0.24）	0.034*** （11.43）	0.034*** （11.40）
AL	-0.0005* （-1.71）	-0.001* （-1.83）	-0.0001 （-0.54）	-0.0001 （-0.72）
AT	0.007*** （3.22）	0.007*** （3.14）	0.008*** （4.43）	0.008*** （4.32）
GROW	0.046*** （15.94）	0.045*** （15.81）	-0.0001 （0.04）	-0.0002 （-0.06）
TQ	0.005*** （4.69）	0.005*** （4.80）	0.004*** （4.01）	0.004*** （4.23）
INDD	0.018 （0.97）	0.017 （0.97）	0.011 （0.62）	0.013 （0.69）
SUPV	-0.006 （-0.85）	-0.007 （-0.90）	-0.001 （-0.09）	-0.001 （-0.14）
CONC	0.002 （0.98）	0.002 （0.91）	0.002 （0.80）	0.002 （0.68）
MAGF	0.009 （0.60）	0.009 （0.63）	0.044*** （3.45）	0.044*** （3.47）
BIG	-0.009* （-1.98）	-0.010** （-2.13）	0.011** （2.40）	0.009** （1.83）
TENFIRM	-0.001*** （-2.99）	-0.0004 （-1.52）	-0.0001 （-0.57）	0.0005** （1.71）
YEAR	控制	控制	控制	控制

Panel B	正向盈余操纵		负向盈余操纵	
	模型（6-1）	模型（6-2）	模型（6-1）	模型（6-2）
IND	控制	控制	控制	控制
R^2	0.116	0.117	0.184	0.186
F 值	20.27***	19.57***	30.02***	29.11***
N	5865	5865	5166	5166

注：***、** 和 * 分别表示在 0.01、0.05 和 0.1 的水平上显著。

四　本章小结

　　本章选取 2007 年至 2013 年我国沪深两市的 A 股上市公司为初始研究样本，以签字注册会计师的执业集中度为个体执业特征的切入点，考察其对审计质量产生的影响。研究结果显示：① 在全样本视角下，签字注册会计师个体的执业集中度越高，对客户所属行业的审计知识越熟悉，对与该行业相关的特定执业经验积累越丰富，对该行业的整体发展水平与未来发展前景、行业政策的变化以及行业环境变化对行业内上市公司产生的具体影响等相关信息的掌握越全面，对该特定行业的审计风险的防范与控制能力越强，最终将越有助于确保审计质量。② 进一步地，在检验模型中继续纳入签字注册会计师的审计任期因素之后，执业集中度与审计任期之间的交互效应对审计质量产生了干扰型交互作用，这也说明签字注册会计师的审计任期是个体专业胜任能力和执业独立性的一种综合体现，而且审计任期与审计质量之间也并非简单的线性相关关系。③ 在区分盈余操纵的方向之后，签字注册会计师个体的执业集中度越高，越有助于抑制客户管理层的正向盈余操纵行为，但对负向盈余操纵的抑制作用不明显；个体的执业集中度与审计任期之间的干扰型交互作用也仅存在于客户的正向盈余操纵行为中。④ 在稳健性测试中，采用 Kothari 等（2005）的模型计算的可操纵性应计的绝对值对审计质量进行替代度量，将签字注册会计师累计在某行业审计的客户数作为执业集中度的替代度量，消除会计师事务所变更因素可能产生的影响，分别进行多元回归分析，其结果与主测试的结果基本一致。

第七章　签字注册会计师个体的客户重要性水平与审计质量之间关系的实证检验

一　理论分析与假设提出

　　毋庸置疑，对执业独立性产生怀疑或担忧的根源在于被审计单位作为签字注册会计师"衣食父母"的客观现实。也即，签字注册会计师作为自负盈亏的"经济人"的本质使其无法摆脱对客户的经济依赖，这种依赖可能会损害签字注册会计师"感知"的或者"实际"的执业独立性，进而极有可能导致审计质量受损。但关于客户重要性水平对执业独立性及审计质量的影响，已有研究大都基于会计师事务所的视角，研究结论分歧较大。造成这一分歧的原因可能是样本选取、研究方法或制度背景的差异性。不可忽略的是，这些研究都存在一个共同的特点：忽略了审计实务的最终执行者——签字注册会计师的个体特征可能产生的影响。事实上，在具体项目的审计程序执行过程中，直接与客户管理层进行沟通、交流和审计谈判的大都是签字注册会计师，而签字注册会计师之间在认知层次、执业经验、专业能力及谈判技巧等方面都是有差异的，这些源自个体的异质性可能会导致他们对客户管理层的经济利益诱惑、"解聘威胁"施压等干扰因素的应对和处理能力的差异，也即执业独立性的差异。具体而言，通常签字注册会计师个体对某客户的经济依赖度越高，那么他（她）期望在未来获得的与该客户相关的经济租金及利润也就越多，寻求连任的动机也就越强烈。如此一来，他（她）被客户"经济绑架"的概率也就越大，当客户管理层出于某些特定的利益诉求甚至是不合法的经济目的，要求签字注册会计师给予盈余管理或者审计意见方面的配合时，他（她）秉承独立性原则的勇气或底气就会大打折扣，这无疑会影响到最终的审计报告的公允性。

但是，从另一个角度来看，对于重要性水平越高的客户，签字注册会计师个体对其审计风险就越重视。这是因为，经济重要客户一旦出现审计失败，签字注册会计师个体将遭受更大的经济损失和声誉损失。换言之，经济重要客户审计失败的潜在成本相对更高。从这一角度来看，对于签字注册会计师个体而言，客户的重要性水平越高，越有可能敦促其保持执业独立性并确保审计质量。当然，上述两种推断都只是理论层面的分析，至于签字注册会计师个体对被审计单位的经济依赖如何影响其实质上的独立性，进而影响审计质量，尚待实证分析和检验。基于此，提出本书的竞争性假设 7 − 1：

假设 7 − 1a：限定其他条件，签字注册会计师个体的客户重要性水平与审计质量负相关；

假设 7 − 1b：限定其他条件，签字注册会计师个体的客户重要性水平与审计质量正相关。

上述假设主要是初步考察签字注册会计师个体的客户重要性水平与审计质量之间的关系，暂不考虑会计师事务所层面的质量控制机制等因素。事实上，签字注册会计师及其供职的会计师事务所作为自负盈亏的"经济人"，他们对客户的经济依赖会促使其重视客户资源，进而影响其实质的独立性。虽然赚取经济利润是会计师事务所及签字注册会计师最直接且最重要的目标之一，但是其前提条件必须是合法合规且风险在可接受范围之内，规模越大的会计师事务所，越是如此。

因此，根据前文"深口袋"理论所述，我们有理由推断，这些大型会计师事务所理应具有较强的动机来约束注册会计师的机会主义行为，对重要客户保持较高的谨慎性和独立性，减少客户经济依赖对审计质量的不利影响，这与声誉保护假说是吻合的（Reynolds and Francis, 2001）。但这种"大所"声誉维护机制对签字注册会计师个体层面的客户重要性水平与审计质量之间的关系的调节效应到底如何，有待进一步实证检验。据此，提出本书的假设7－2：

假设7－2：限定其他条件，"大所"声誉维护机制对签字注册会计师个体的客户重要性水平与审计质量之间的关系具有调节效应。

二　变量定义与模型构建

（一）变量定义

1. 审计质量

遵照研究惯例并借鉴已有的优秀研究成果，在主测试部分将修正Jones模型计算的可操纵性应计绝对值（｜DA｜）作为审计质量的替代度量（刘启亮、唐建新，2009；Chen et al., 2010；Firth et al., 2011），详见前文所述。

2. 客户重要性

关于签字注册会计师个体的客户重要性水平（IMP）的计算，

本书参照已有研究衡量会计师事务所层面的客户重要性水平的计算方法，然后借鉴 Chen 等（2010）的研究经验，对签字注册会计师个体的客户重要性水平（IMP）进行如下计算：一是某一客户的审计收费自然对数除以该签字注册会计师全部客户的审计收费自然对数之和；二是某一客户的总资产自然对数除以该签字注册会计师全部客户的总资产自然对数之和。本书选取第一种指标作为客户重要性水平的替代度量进行主测试，采用第二种指标进行稳健性测试。具体的计算步骤如下：

第一步，签字注册会计师 i 在会计年度 t 对上市公司 j 的重要性水平（IMP_{ijt}）计算公式为：

$$IMP_{ijt} = \frac{A_{ij}}{\sum_{j=1}^{J_i} A_{ij}}$$

IMP_{ijt} 表示签字注册会计师 i 在会计年度 t 审计的上市公司 j 的重要性水平，A_{ij} 表示签字注册会计师 i 对上市公司 j 收取的审计费用的自然对数，J_i 表示签字注册会计师 i 在会计年度 t 审计的上市公司总数。

第二步，签字注册会计师个体的客户重要性水平（IMP）的计算。根据前文所述，我国上市公司的财务报表审计报告通常有两位注册会计师签字（即 $i = 1，2$），少数情况下有三位注册会计师签字（即 $i = 1，2，3$）。签字的注册会计师中包括一名对审计项目负最终复核责任的合伙人和一名负责该项目具体审计工作的注册会计师。同样的道理，在该部分研究中，若能分别考虑项目负责人和复核人对同一客户的重要性水平，自然是很有价值的。但事与愿违，依靠上市公司对外披露的会计师事务所及签字注册会计师的相关信息，很难确定财务报表审计报告中两位签字的注册会计师的具体身份，其原因前文已有详细描述。那么，在这种现实情况下，本书将两位签字注册会计师中某特定客户的重要性水平较高者作为 IMP 的替代度量。

3. "大所" 声誉维护机制

本书选择国际"四大"会计师事务所作为具有良好行业声誉维护机制的"大所"，即客户聘任的会计师事务所属于国际"四大"会计师事务所时，则 BIG 取值为 1，否则取值为 0。此外，在稳健性测试中，本书考虑将具有良好声誉维护机制的"大所"（BIG）扩展到"十大"会计师事务所[①]，对其进行补充测试和检验。

（二）模型构建

针对假设 7 - 1，初步检验签字注册会计师个体的客户重要性水平对审计质量的影响，借鉴 Chen 等（2010）、陈波（2013）等的研究经验构建模型如下：

$$|DA| = \alpha_0 + \alpha_1 IMP + \sum \alpha_{i+1} X + \varepsilon \qquad (7-1)$$

其中，被解释变量 $|DA|$ 表示可操纵性应计的绝对值，用以衡量审计质量；IMP 表示签字注册会计师审计的客户公司的重要性水平；X 表示控制变量组合，主要包括公司规模、财务状况、经营状况、内部治理结构、事务所规模、事务所任期及签字注册会计师任期等多个方面的审计质量影响因素（见表 4 - 1）。

构建声誉维护机制调节效应的检验模型。本书拟借鉴 Chen 等（2010）、Chi 等（2012）、李明辉和刘笑霞（2013）等的研究经验，

---

① "十大"会计师事务所是根据中国注册会计师协会公布的会计师事务所综合评价信息获得，其中包括德勤、普华永道等国际"四大"会计师事务所。

构建检验模型如下：

$$|DA| = \alpha_0 + \alpha_1 IMP + \alpha_2 IMP \times BIG + \sum \alpha_{i+2} X + \varepsilon \qquad (7-2)$$

其中，被解释变量 $|DA|$ 表示可操纵性应计的绝对值，用以衡量审计质量；主要解释变量 IMP 表示客户重要性水平；BIG 表示声誉维护机制较佳的"大所"；$IMP \times BIG$ 表示两个变量的交互项，可反映调节效应存在与否。由于 BIG 属于虚拟变量，不适合进行对中处理，为了避免 BIG 与 $IMP \times BIG$ 之间存在多重共线性问题，故在模型（7-2）中未纳入 BIG 变量，仅保留交互项 $IMP \times BIG$。X 表示控制变量组合，同上理。

三　实证分析与结果描述

（一）样本选择

本书选取 2007 年至 2013 年我国沪深两市的 A 股上市公司及其财务报告主审会计师事务所、签字注册会计师为研究样本，样本数据是严格依据 CSMAR 数据库与 Wind 数据库、各公司年度财务报告信息披露及中国注册会计师行业管理信息系统进行手工搜集与整理而得的。在此基础上，遵照学者研究惯例，对初始研究样本进行筛选：首先，剔除行业性质特殊的金融与保险业上市公司观测值，剔除观测年度 IPO 或者主要财务数据缺失导致无法计算可操纵性应计利润的上市公司观测值，剔除年度行业观测值数量少于 15 个的公司观测值，剔除审计费用缺失导致无法计算客户重要性水平的公司观测值；其次，为消除极端异常值可能产生的潜在影响，对模型检验变量进行首尾 1% 截尾处理；最后，获得研究样本观测值 10870 个。

（二）描述性统计

表 7 - 1 列示了检验模型中主要变量的描述性统计结果。从表 7 - 1 中可以看出，主要检验变量可操纵性应计绝对值（｜DA｜）的均值为 0.071，中值为 0.049，标准差为 0.076，极小值与极大值分别为 0.001 和 0.588，数据整体分布较为合理。签字注册会计师个体的客户重要性水平（IMP）的均值为 0.736，表明审计报告的两位签字注册会计师中对客户审计收费的依赖程度（客户重要性水平）较高者的平均值约为 73.6%；进一步地，客户重要性水平（IMP）的极小值与极大值分别是 0.106 与 1，说明这些签字注册会计师个体对客户审计收费的依赖程度存在较大差距，即客户对他（她）们个体的重要性水平有所不同。此外，会计师事务所审计任期（TENFIRM）均值为 6.181，极小值与极大值分别为 1 和 19；签字注册会计师审计任期（TENCPA）均值为 3.770，极小值与极大值分别为 1 和 11，表明签字注册会计师对客户的累计审计年数平均约为 4 年，最长的达11 年。

表 7 - 1　描述性统计

	Obs	Mean	Median	Std. Dev.	Min	Max
｜DA｜	10870	0.071	0.049	0.076	0.001	0.588
IMP	10870	0.736	1	0.298	0.106	1
TENCPA	10870	3.770	3	2.389	1	11
SIZE	10870	21.741	21.607	1.250	16.508	27.387
DEBT	10870	0.500	0.480	0.546	0.007	20.247
CASH	10870	0.066	0.004	0.917	-6.042	22.461
LOSS	10870	0.101	0	0.301	0	1

	Obs	Mean	Median	Std. Dev.	Min	Max
AL	10870	2.408	1.408	4.872	0.002	204.742
AT	10870	0.696	0.569	0.578	0.000	9.310
GROW	10870	0.149	0.097	0.326	-0.979	7.609
TQ	10870	1.862	1.489	1.203	0.602	7.769
INDD	10870	0.367	0.333	0.053	0.250	0.571
SUPV	10870	0.428	0.385	0.131	0.188	0.833
CONC	10870	0.197	0	0.398	0	1
MAGF	10870	0.098	0.075	0.091	0.009	0.620
BIG	10870	0.050	0	0.219	0	1
TENFIRM	10870	6.181	5	4.704	1	19
TENCPA	10870	3.770	3	2.389	1	11

（三）相关性分析

表 7-2 列示了检验模型主要变量之间的相关系数矩阵。从表 7-2 中可以看出，签字注册会计师个体的客户重要性水平（*IMP*）与可操纵性应计的绝对值（｜*DA*｜）之间的相关系数在 5% 的水平上显著为正，即客户重要性水平（*IMP*）与审计质量负相关，这与本书假设 7-1a 的预期吻合。此外，公司规模（*SIZE*）、聘请的会计师事务所是否为"大所"（*BIG*）及事务所任期（*TENFIRM*）与可操纵性应计的绝对值（｜*DA*｜）之间的相关系数都是显著为负的，且公司规模（*SIZE*）与"大所"（*BIG*）之间显著正相关，这说明规模越大的上市公司越倾向于聘请行业声誉较佳的大规模会计师事务所，在这种情况下公司管理层的盈余操纵行为动机相对较弱。然而，上市公司管理层效率（*MAGF*）、公司成长性（*GROW*）、财务状况（*DEBT*）、

表 7 - 2 相关系数矩阵

变量	|DA|	IMP	SIZE	DEBT	CASH	LOSS	AL	AT	GROW	TQ	INDD	SUPV	CONC	MAGF	BIG
IMP	0.020**	1														
SIZE	-0.108***	0.087***	1													
DEBT	0.148***	0.047***	0.014	1												
CASH	0.080***	0.023	0.118***	0.034***	1											
LOSS	0.113*	0.019*	-0.131***	0.153***	-0.058***	1										
AL	-0.025	-0.065***	-0.150***	-0.195***	-0.003	-0.083***	1									
AT	-0.001	0.035***	0.066***	0.048***	0.030***	-0.041***	-0.058***	1								
GROW	0.100***	0.009	0.124***	-0.068***	0.449***	-0.178***	0.053***	-0.046***	1							
TQ	0.120***	-0.012	-0.434***	0.116***	0.033***	0.066***	0.041*	0.006	-0.048***	1						
INDD	0.017	0.002	0.040***	-0.014	-0.012	-0.014	0.024**	-0.047***	0.013	0.011	1					
SUPV	-0.012	0.041***	0.077***	0.027***	0.015	0.015	-0.052***	0.026***	-0.031***	-0.003	0.193***	1				
CONC	0.016	-0.061***	-0.167***	-0.053***	-0.031***	-0.002	0.121***	-0.053***	0.042***	0.039***	0.079***	-0.053***	1			
MAGF	0.094***	-0.023*	-0.382***	0.096***	-0.045***	0.207***	0.141***	-0.369***	-0.092***	0.301***	0.021**	-0.048***	0.100***	1		
BIG	-0.051***	0.141***	0.340***	0.012	0.026**	-0.027**	-0.050***	0.024**	0.006	-0.095***	0.033***	0.033***	-0.061***	-0.075***	1	
TENFIRM	-0.021**	-0.031*	0.136***	0.066***	0.059***	0.003	-0.143***	0.081***	-0.068***	0.014	-0.006	0.095***	-0.114***	-0.065***	-0.002	

注：***、**和*分别表示0.01、0.05和0.1的水平上显著。

经营业绩（*LOSS*）与可操纵性应计的绝对值（｜*DA*｜）均呈显著正相关关系，这表明公司管理层权力分布越集中、管理效率越低下，或者公司尚处于成长阶段，抑或公司财务状况不佳或出现经营亏损时，管理层进行盈余操作的动机可能就越强烈。另外，模型中的其他各变量之间的相关系数大都小于0.5，这说明检验模型的设计、变量的选取较为合理，不存在严重的多重共线性问题。

（四）多元回归分析

表7-3列示了模型（7-1）和模型（7-2）的多元回归结果。在全样本视角下，从表7-3的Panel A部分的第二列可以看出，以可操纵性应计的绝对值（｜*DA*｜）作为审计质量的替代度量，签字注册会计师的客户重要性水平（*IMP*）的回归系数在10%的水平上显著为正，这说明签字注册会计师个体的客户重要性水平越高，他（她）对该客户的经济依赖程度就越高，也就越有可能被该客户"绑架"进而损害甚至丧失其实质上的执业独立性，最终有损审计服务的质量，这一结果支持了本书假设7-1a。换言之，目前在我国上市公司年报审计市场中，整体上并未形成签字注册会计师因重视"大客户"而更加重视审计质量的景象。也即，大多数的签字注册会计师个人并未充分考量经济重要的"大客户"审计失败可能造成的经济损失或潜在声誉损害，这可能与我国审计市场监管部门对注册会计师个体执业行为的监管与惩戒力度不够有一定的关系。从表7-3的Panel A部分的第三列可以看出，在检验模型中纳入"大所"声誉维护机制之后，交互项（*IMP×BIG*）的系数在5%的水平上显著为负，这说明"大所"声誉维护机制能够有效调节签字注册会计师个体的客户重要性水平与审计质量之间的相关关系，这支持了本书假设7-2。具体而言，

规模较大的会计师事务所，尤其是作为"百年品牌老店"的国际"四大"会计师事务所，通常更加重视本所的行业声誉维护，针对签字注册会计师个体的经济依赖程度较高的大客户，严格要求签字注册会计师保持更高的谨慎性和独立性，严格控制审计风险，减少对大客户的经济依赖对审计质量可能产生的不利影响。

进一步地，为了验证"大所"声誉维护机制的调节效应的存在性，本书将全样本划分为非"大所"审计的公司样本（$BIG = 0$）和"大所"审计的公司样本（$BIG = 1$）。从表 7 – 3 的 Panel B 部分的结果可以看出，在非"大所"审计的公司样本中，签字注册会计师的客户重要性水平（IMP）的回归系数依然在 10% 的水平上显著为正；然而，在"大所"审计的公司样本中，客户重要性水平（IMP）的回归系数不再显著。对两组样本进行 Chow 检验的结果是 F 值为 2.87、P 值为 0.057，组间差异是显著的，这也就进一步说明了"大所"声誉维护机制能够有效抑制签字注册会计师个体对客户的经济依赖对审计质量产生的负面作用。

表 7 – 3 多元回归结果之主测试

Panel A	全样本	
	模型（7 – 1）	模型（7 – 2）
IMP	0.004* (1.77)	0.004* (1.83)
BIG	– 0.008** (– 2.40)	
IMP × BIG		– 0.008** (– 2.32)
SIZE	– 0.005*** (– 7.14)	– 0.005*** (– 7.16)
DEBT	0.015*** (10.94)	0.015*** (10.94)
CASH	0.002*** (2.60)	0.002*** (2.61)
LOSS	0.026*** (10.72)	0.026*** (10.71)
AL	– 0.0002 (– 1.54)	– 0.0002 (– 1.54)

续表

Panel A	全样本	
	模型（7－1）	模型（7－2）
AT	0.007*** (4.86)	0.007*** (4.86)
GROW	0.030*** (12.10)	0.030*** (12.10)
TQ	0.005*** (6.36)	0.005*** (6.36)
INDD	0.024* (1.78)	0.024** (1.79)
SUPV	－0.004 (－0.82)	－0.004 (－0.83)
CONC	0.001 (0.70)	0.001 (0.71)
MAGF	0.032*** (3.28)	0.032*** (3.28)
TENFIRM	－0.0001 (－0.29)	－0.0001 (－0.29)
TENCPA	－0.002*** (－4.33)	－0.002*** (－4.32)
YEAR	控制	控制
IND	控制	控制
R^2	0.114	0.114
F 值	34.99***	34.98***
N	10870	10870

Panel B	分组检验	
	BIG = 0	BIG = 1
	模型（7－1）	模型（7－2）
IMP	0.004* (1.68)	0.004 (0.28)
SIZE	－0.005*** (－6.89)	－0.003 (－1.61)
DEBT	0.015*** (10.80)	－0.005 (－0.25)
CASH	0.002** (2.10)	0.009*** (3.10)
LOSS	0.026 (1.53)	0.020** (2.01)
AL	－0.0002 (－1.59)	0.007** (2.10)
AT	0.007*** (4.80)	0.001 (0.19)
GROW	0.030*** (11.96)	0.026** (2.07)
TQ	0.005*** (6.28)	0.002 (0.56)

续表

Panel B	分组检验	
	BIG = 0	BIG = 1
	模型（7－1）	模型（7－2）
INDD	0.027*（1.92）	－0.0004（－0.01）
SUPV	－0.005（－0.84）	－0.0005（－0.03）
CONC	0.001（0.49）	0.018**（2.22）
MAGF	0.033***（3.30）	－0.057（－1.23）
TENFIRM	－0.0001（－0.34）	0.0001（0.14）
TENCPA	－0.002***（－4.27）	0.0001（0.06）
YEAR	控制	控制
IND	控制	控制
R^2	0.113	0.123
F 值	33.84***	3.01***
N	10323	547

注：***、**和*分别表示在 0.01、0.05 和 0.1 的水平上显著。

（五）进一步测试

前文研究结果表明，签字注册会计师个体的人口特征、执业经验及执业集中度对不同方向的盈余操纵行为产生了差异化影响。那么，签字注册会计师个体的客户重要性水平对不同方向的盈余操纵行为产生的影响是否也有所不同呢？为探讨这一问题，本书将公司盈余操纵行为分为正向盈余操纵和负向盈余操纵，分别对模型（7－1）和模型（7－2）进行多元回归分析。从表 7－4 的进一步测试的回归结果可以看出，在区分盈余操纵的方向之后，在正向盈余操纵样本中，签字注册会计师个体的客户重要性水平（IMP）的回归系数在 5% 的水平上显著为正；在负向盈余操纵样本中，客户重要性水平（IMP）的回归系数为正但不显著；这一结果表明签字注册会计师个体对经济重要的"大客户"的经济依赖产生的执业独立性负面影响主要体现在客户的正向盈余管理活动中。进一步地，在正向盈余操纵样本中，交互项（$IMP \times BIG$）的回归系数在 1% 的水平上显著为负，但在负向盈余操纵样本中不显著，这一结果也表明"大所"声誉维护机制对客户重要性水平与审计质量之间关系的调节效应在客户正向盈余操纵行为方面是明显的，即有助于抑制客户向上调整利润的行为。

表 7 - 4　回归结果之进一步测试

Panel A	正向盈余操纵	
	模型（7 - 1）	模型（7 - 2）
IMP	0.007** (2.11)	0.007** (2.16)
BIG	− 0.016*** (− 3.38)	
IMP × BIG		− 0.016*** (− 3.20)
SIZE	− 0.001 (− 0.66)	− 0.001 (− 0.72)
DEBT	0.008*** (4.68)	0.008*** (4.68)
CASH	− 0.008*** (− 6.60)	− 0.008*** (− 6.59)
LOSS	− 0.001 (− 0.20)	− 0.001 (− 0.18)
AL	− 0.0004* (− 1.73)	− 0.0004* (− 1.72)
AT	0.008*** (4.09)	0.008*** (4.09)
GROW	0.049*** (15.84)	0.049*** (15.85)
TQ	0.005*** (4.47)	0.005*** (4.47)
INDD	0.017 (0.94)	0.017 (0.94)
SUPV	− 0.007 (− 1.00)	− 0.008 (− 1.01)
CONC	0.002 (0.86)	0.002 (0.87)
MAGF	0.020 (1.45)	0.020 (1.44)
TENFIRM	− 0.0002 (− 0.88)	− 0.0002 (− 0.88)
TENCPA	− 0.001* (− 2.00)	− 0.001** (− 1.98)
YEAR	控制	控制
IND	控制	控制

续表

Panel A	正向盈余操纵	
	模型（7-1）	模型（7-2）
R^2	0.118	0.117
F 值	19.71***	19.68***
N	5756	5756

Panel B	负向盈余操纵	
	模型（7-1）	模型（7-2）
IMP	0.001（0.19）	0.001（0.16）
BIG	0.003（0.66）	
IMP × BIG		0.004（0.70）
SIZE	-0.012***（-11.26）	-0.012***（-11.27）
DEBT	0.023***（11.47）	0.023***（11.47）
CASH	0.016***（13.21）	0.016***（13.22）
LOSS	0.032***（11.08）	0.032***（11.08）
AL	-0.0002（-0.95）	-0.0002（-0.95）
AT	0.007***（3.54）	0.007***（3.54）
GROW	-0.004（-0.89）	-0.004（-0.89）
TQ	0.004***（3.64）	0.004***（3.63）
INDD	0.026（1.38）	0.026（1.38）
SUPV	-0.001（-0.14）	-0.001（-0.12）
CONC	-0.00003（-0.01）	-0.00003（-0.01）
MAGF	0.043***（3.42）	0.043***（3.41）
TENFIRM	0.0002（0.72）	0.0002（0.72）
TENCPA	-0.002***（-4.00）	-0.002***（-3.99）
YEAR	控制	控制
IND	控制	控制
R^2	0.188	0.187
F 值	29.88***	29.86***
N	5114	5114

注：*** 、** 和 * 分别表示在 0.01、0.05 和 0.1 的水平上显著。

（六）稳健性测试

为增加研究结论的稳健性，本书进行四个方面的稳健性测试。

1. 审计质量的替代度量

本部分将 Kothari 等（2005）的模型计算的可操纵性应计的绝对值作为审计质量的替代度量，分别对检验模型（7 - 1）和模型（7 - 2）进行回归分析。表 7 - 5 稳健性测试 I 的 Panel A 部分的结果显示，在全样本视角下，签字注册会计师个体的客户重要性水平（IMP）与可操纵性应计的绝对值（$|DA|$）呈显著正相关关系，而交互项（$IMP \times BIG$）的回归系数在 1% 的水平上显著为负。Panel B 部分的结果显示，在分组检验之后，在非"大所"审计的上市公司样本中，客户重要性水平（IMP）的回归系数显著为正，而在"大所"审计的上市公司样本中，这一系数变小且不再显著，而且样本组间 Chow 检验的结果是十分显著的（F 值为 3.86，P 值为 0.021）。表 7 - 5 的 Panel C 与 Panel D 部分的结果显示，在进一步区分盈余操纵的方向之后，客户重要性水平（IMP）与交互项（$IMP \times BIG$）的回归系数仅在正向盈余操纵样本组中是显著的，这与前文主测试的结果基本吻合。此外，与前文同理，采用财务重述概率（FR）作为审计质量的度量，实证结果与前文基本一致。

表 7 - 5 多元回归结果之稳健性测试 I

Panel A	全样本	
	模型（7 - 1）	模型（7 - 2）
IMP	0.004 ** (2.10)	0.004 ** (2.15)
BIG	- 0.008 *** (- 2.76)	
$IMP \times BIG$		- 0.008 *** (- 2.60)
$SIZE$	- 0.003 *** (- 5.45)	- 0.003 *** (- 5.50)

Panel A	全样本	
	模型（7-1）	模型（7-2）
DEBT	0.005*** (4.18)	0.005*** (4.18)
CASH	0.003*** (4.71)	0.003*** (4.72)
LOSS	0.001 (0.66)	0.001 (0.66)
AL	-0.0003*** (-2.64)	-0.0003*** (-2.63)
AT	0.006*** (4.68)	0.006*** (4.68)
GROW	0.031*** (14.96)	0.031*** (14.97)
TQ	0.003*** (5.60)	0.003*** (5.59)
INDD	0.0003 (0.03)	0.0004 (0.04)
SUPV	-0.006 (-1.26)	-0.006 (-1.26)
CONC	-0.0004 (-0.18)	-0.00001 (-0.17)
MAGF	-0.006 (-0.74)	-0.006 (-0.74)
TENFIRM	-0.0001 (-0.79)	-0.0001 (-0.79)
TENCPA	-0.001*** (-3.49)	-0.001*** (-3.47)
YEAR	控制	控制
IND	控制	控制
R^2	0.103	0.103
F值	31.44***	31.42***
N	10870	10870

Panel B	分组检验	
	BIG = 0	BIG = 1
	模型（7-1）	模型（7-2）
IMP	0.004* (1.95)	0.007 (0.71)
SIZE	-0.003*** (-5.22)	-0.001 (-0.60)
DEBT	0.005*** (4.32)	-0.024 (-1.49)
CASH	0.003*** (4.10)	0.009*** (3.63)
LOSS	0.002 (0.82)	-0.003 (-0.39)

续表

Panel B	分组检验	
	BIG = 0	BIG = 1
	模型（7－1）	模型（7－2）
AL	－ 0.0003 *** （ － 2.61）	－ 0.0001 （ － 0.04）
AT	0.005 *** （4.30）	0.014 ** （2.41）
GROW	0.031 *** （14.77）	0.026 ** （2.29）
TQ	0.003 *** （5.12）	0.013 *** （4.17）
INDD	0.009 （0.77）	－ 0.062 * （ － 1.66）
SUPV	－ 0.005 （ － 1.01）	－ 0.034 ** （ － 2.35）
CONC	－ 0.001 （ － 0.33）	0.003 （0.37）
MAGF	－ 0.006 （ － 0.75）	－ 0.026 （ － 0.63）
TENFIRM	－ 0.0001 （ － 0.87）	0.0003 （0.65）
TENCPA	－ 0.001 *** （ － 3.44）	－ 0.0004 （ － 0.30）
YEAR	控制	控制
IND	控制	控制
R^2	0.103	0.157
F 值	30.69 ***	3.68 ***
N	10323	547

Panel C	正向盈余操纵	
	模型（7－1）	模型（7－2）
IMP	0.006 ** （1.95）	0.006 ** （1.99）
BIG	－ 0.016 *** （ － 3.43）	
IMP × BIG		－ 0.016 *** （ － 3.29）
SIZE	－ 0.002 ** （ － 2.44）	－ 0.002 ** （ － 2.49）
DEBT	0.005 *** （3.03）	0.005 *** （3.03）
CASH	－ 0.006 *** （ － 5.78）	－ 0.006 *** （ － 5.76）
LOSS	0.005 （1.55）	0.005 （1.54）
AL	－ 0.0004 * （ － 1.72）	－ 0.0004 * （ － 1.72）

续表

Panel C	正向盈余操纵	
	模型（7－1）	模型（7－2）
AT	0.007*** (3.56)	0.007*** (3.56)
GROW	0.045*** (16.35)	0.045*** (16.35)
TQ	0.001 (1.31)	0.001 (1.31)
INDD	0.018 (1.03)	0.018 (1.04)
SUPV	－0.008 （－1.19）	－0.008 （－1.19）
CONC	0.001 (0.45)	0.001 (0.45)
MAGF	0.022* (1.82)	0.022* (1.81)
TENFIRM	－0.0003 （－1.48）	－0.0003 （－1.47）
TENCPA	－0.001** （－2.09）	－0.001** （－2.07）
YEAR	控制	控制
IND	控制	控制
R^2	0.121	0.120
F 值	18.57***	18.55***
N	5259	5259
Panel D	负向盈余操纵	
	模型（7－1）	模型（7－2）
IMP	0.002 (0.80)	0.002 (0.77)
BIG	－0.0003 （－0.10）	
IMP × BIG		0.0003 (0.07)
SIZE	－0.005*** （－6.46）	－0.005*** （－6.51）
DEBT	0.005*** (3.03)	0.005*** (3.03)
CASH	0.013*** (14.02)	0.013*** (14.03)
LOSS	－0.003 （－0.94）	－0.003 （－0.94）
AL	－0.0003** （－1.99）	－0.0003** （－1.98）
AT	0.004*** (3.02)	0.004*** (3.02)
GROW	0.009*** (2.71)	0.009*** (2.71)

续表

Panel D	负向盈余操纵	
	模型（7-1）	模型（7-2）
TQ	0.005***（6.72）	0.005***（6.71）
INDD	-0.017（-1.13）	-0.017（-1.14）
SUPV	-0.003（-0.55）	-0.003（-0.54）
CONC	-0.001（-0.74）	-0.001（-0.74）
MAGF	-0.032***（-3.02）	-0.032***（-3.03）
TENFIRM	0.0001（0.34）	0.0001（0.34）
TENCPA	-0.001***（-2.63）	-0.001***（-2.61）
YEAR	控制	控制
IND	控制	控制
R²	0.122	0.122
F 值	20.08***	20.08***
N	5611	5611

注：***、**和*分别表示在0.01、0.05和0.1的水平上显著。

2. 客户重要性水平的替代度量

对于签字注册会计师个体的客户重要性水平（*IMP*）的计算公式
（7-1），本部分采用客户总资产的自然对数代替审计费用的自然对数
对 *IMP* 进行替代度量，然后对检验模型（7-1）和模型（7-2）进行
回归分析。表7-6稳健性测试Ⅱ的 Panel A 部分的结果显示，在全
样本视角下，签字注册会计师个体的客户重要性水平（*IMP*）的回
归系数在10%的水平上显著为正，交互项（*IMP × BIG*）的回归系数
在5%的水平上显著为负。Panel B 部分的结果显示，在分组检验之
后，客户重要性水平（*IMP*）的回归系数仅在非"大所"审计的上
市公司样本组中显著为正，而且样本组间 Chow 检验的结果是十分显
著的（F 值为2.91，P 值为0.054）。进一步地，在区分盈余操纵的

方向之后，Panel C 与 Panel D 部分的结果显示，客户重要性水平（IMP）与交互项（$IMP \times BIG$）的系数仅在正向盈余操纵组中是显著的，这与前文主测试结果基本一致。

表 7 - 6 多元回归结果之稳健性测试 II

Panel A	全样本	
	模型（7 - 1）	模型（7 - 2）
IMP	0.004*（1.68）	0.004*（1.77）
BIG	- 0.008**（ - 2.38）	
$IMP \times BIG$		- 0.009**（ - 2.40）
$SIZE$	- 0.005***（ - 7.14）	- 0.005***（ - 7.13）
$DEBT$	0.015***（10.95）	0.015***（10.95）
$CASH$	0.002**（2.59）	0.002***（2.60）
$LOSS$	0.026***（10.72）	0.026***（10.71）
AL	- 0.0002（ - 1.55）	- 0.0002（ - 1.55）
AT	0.007***（4.86）	0.007***（4.86）
$GROW$	0.030***（12.10）	0.030***（12.10）
TQ	0.005***（6.36）	0.005***（6.37）
$INDD$	0.024*（1.78）	0.024*（1.79）
$SUPV$	- 0.004（ - 0.82）	- 0.004（ - 0.82）
$CONC$	0.001（0.71）	0.001（0.72）
$MAGF$	0.032***（3.28）	0.032***（3.29）
$TENFIRM$	- 0.0001（ - 0.30）	- 0.0001（ - 0.29）
$TENCPA$	- 0.002***（ - 4.34）	- 0.002***（ - 4.34）
$YEAR$	控制	控制
IND	控制	控制
R^2	0.114	0.114
F 值	34.99***	34.99***
N	10870	10870

续表

Panel B	分组检验	
	BIG = 0	BIG = 1
	模型（7-1）	模型（7-2）
IMP	0.004*（1.86）	0.006（0.63）
SIZE	-0.003***（-5.23）	-0.001（-0.40）
DEBT	0.005***（4.33）	-0.025（-1.52）
CASH	0.003***（4.08）	0.009***（3.69）
LOSS	0.002（0.82）	-0.004（-0.40）
AL	-0.0003***（-2.61）	-0.0002（-0.08）
AT	0.005***（4.30）	0.014**（2.55）
GROW	0.031***（14.77）	0.026**（2.32）
TQ	0.003***（5.12）	0.013***（4.25）
INDD	0.009（0.77）	-0.060（-1.62）
SUPV	-0.005（-1.01）	-0.034**（-2.37）
CONC	-0.0005（-0.32）	0.003（0.37）
MAGF	-0.006（-0.75）	-0.026（-0.63）
TENFIRM	-0.0001（-0.88）	0.0004（0.77）
TENCPA	-0.001***（-3.44）	-0.001（-0.46）
YEAR	控制	控制
IND	控制	控制
R^2	0.103	0.157
F 值	30.68***	3.68***
N	10323	547
Panel C	正向盈余操纵	
	模型（7-1）	模型（7-2）
IMP	0.006*（1.92）	0.006**（2.02）
BIG	-0.016***（-3.36）	
IMP × BIG		-0.016***（-3.29）

续表

Panel C	正向盈余操纵	
	模型（7-1）	模型（7-2）
SIZE	-0.001（-0.66）	-0.001（-0.68）
DEBT	0.008***（4.69）	0.008***（4.69）
CASH	-0.008***（-6.61）	-0.008***（-6.61）
LOSS	-0.001（-0.20）	-0.001（-0.19）
AL	-0.0004*（-1.75）	-0.0004*（-1.74）
AT	0.008***（4.10）	0.008***（4.12）
GROW	0.049***（15.84）	0.049***（15.84）
TQ	0.005***（4.47）	0.005***（4.47）
INDD	0.017（0.93）	0.017（0.95）
SUPV	-0.007（-1.01）	-0.008（-1.01）
CONC	0.002（0.87）	0.002（0.88）
MAGF	0.021（1.47）	0.021（1.46）
TENFIRM	-0.0002（-0.88）	-0.0002（-0.87）
TENCPA	-0.001**（-2.03）	-0.001**（-2.01）
YEAR	控制	控制
IND	控制	控制
R^2	0.118	0.118
F 值	19.69***	19.68***
N	5756	5756

Panel D	负向盈余操纵	
	模型（7-1）	模型（7-2）
IMP	0.001（0.38）	0.001（0.35）
BIG	0.003（0.65）	
IMP × BIG		0.004（0.67）
SIZE	-0.012***（-11.27）	-0.012***（-11.28）
DEBT	0.023***（11.46）	0.023***（11.46）
CASH	0.016***（13.21）	0.016***（13.21）

Panel D	负向盈余操纵	
	模型（7-1）	模型（7-2）
LOSS	0.032*** (11.08)	0.032*** (11.09)
AL	-0.0002 (-0.94)	-0.0002 (-0.94)
AT	0.007*** (3.53)	0.007*** (3.53)
GROW	-0.004 (-0.89)	-0.004 (-0.89)
TQ	0.004*** (3.64)	0.004*** (3.63)
INDD	0.026 (1.38)	0.026 (1.38)
SUPV	-0.001 (-0.13)	-0.001 (-0.13)
CONC	-0.00001 (-0.001)	-0.00001 (-0.01)
MAGF	0.043*** (3.41)	0.043*** (3.41)
TENFIRM	0.0002 (0.72)	0.0002 (0.72)
TENCPA	-0.002*** (-3.98)	-0.002*** (-3.97)
YEAR	控制	控制
IND	控制	控制
R^2	0.188	0.188
F 值	29.88***	29.88***
N	5114	5114

注：***、**和*分别表示在0.01、0.05和0.1的水平上显著。

3. "大所"声誉维护机制的替代度量

本书将具有良好声誉维护机制的"大所"（*BIG*）的界定标准从"四大"会计师事务所扩展到"十大"会计师事务所，然后对其进行补充测试与回归分析。表7-7稳健性测试Ⅲ的 Panel A 部分的结果显示，在全样本视角下，签字注册会计师个体的客户重要性水平（*IMP*）的回归系数在10%的水平上显著为正；在纳入"大所"声誉维护机制之后，交互项（*IMP×BIG*）的回归系数在1%的水平上显著为负。进一步地，在区分盈余操纵的方向之后，Panel B 与 Panel C 部分的结果显示，客户重要性水平对审计质量的影响、"大所"声誉维护机制对客户重要性水平和审计质量之间关系的调节效应主要表现在客户的正向盈余操纵行为中，这与前文主测试结果基本一致。

表 7 - 7　多元回归结果之稳健性测试 III

Panel A	全样本	
	模型（7 - 1）	模型（7 - 2）
IMP	0.004* (1.64)	0.007*** (2.67)
BIG	- 0.005*** (- 3.29)	
IMP × BIG		- 0.006*** (- 3.10)
SIZE	- 0.006*** (- 7.7)	- 0.006*** (- 7.69)
DEBT	0.015*** (10.92)	0.015*** (10.92)
CASH	0.002*** (2.65)	0.002*** (2.65)
LOSS	0.026*** (10.72)	0.026*** (10.74)
AL	- 0.0002 (- 1.59)	- 0.0002 (- 1.57)
AT	0.007*** (4.96)	0.007*** (4.93)
GROW	0.03*** (12.07)	0.030*** (12.06)
TQ	0.005*** (6.36)	0.005*** (6.34)
INDD	0.024* (1.72)	0.024* (1.76)
SUPV	- 0.004 (- 0.80)	- 0.004 (- 0.82)
CONC	0.001 (0.70)	0.001 (0.70)
MAGF	0.032*** (3.28)	0.031*** (3.26)
TENFIRM	- 0.0002 (- 0.82)	- 0.0001 (- 0.74)
TENCPA	- 0.001*** (- 4.11)	- 0.001*** (- 4.11)
YEAR	控制	控制
IND	控制	控制
R^2	0.114	0.114
F 值	35.13***	35.10***
N	10870	10870

续表

Panel B	正向盈余操纵	
	模型（7-1）	模型（7-2）
IMP	0.007*（1.88）	0.01***（2.96）
BIG	-0.008***（-3.88）	
IMP × BIG		-0.009***（-3.41）
SIZE	-0.001（-1.16）	-0.001（-1.23）
DEBT	0.008***（4.73）	0.008***（4.70）
CASH	-0.008***（-6.63）	-0.008***（-6.61）
LOSS	-0.001（-0.18）	-0.001（-0.16）
AL	-0.0004*（-1.78）	-0.0004*（-1.78）
AT	0.008***（4.18）	0.008***（4.14）
GROW	0.049***（15.89）	0.049***（15.86）
TQ	0.005***（4.48）	0.005***（4.44）
INDD	0.016（0.87）	0.017（0.91）
SUPV	-0.007（-0.98）	-0.007（-1.01）
CONC	0.002（0.89）	0.002（0.88）
MAGF	0.020（1.44）	0.020（1.41）
TENFIRM	-0.0004（-1.42）	-0.0004（-1.30）
TENCPA	-0.001*（-1.73）	-0.001*（-1.72）
YEAR	控制	控制
IND	控制	控制
R^2	0.118	0.118
F 值	19.81***	19.72***
N	5756	5756

Panel C	负向盈余操纵	
	模型（7-1）	模型（7-2）
IMP	0.001（0.25）	0.001（0.35）
BIG	-0.001（-0.26）	
IMP × BIG		-0.001（-0.31）

续表

Panel C	负向盈余操纵	
	模型（7-1）	模型（7-2）
SIZE	- 0.012*** (- 11.49)	- 0.012*** (- 11.45)
DEBT	0.023*** (11.44)	0.023*** (11.44)
CASH	0.016*** (13.20)	0.016*** (13.20)
LOSS	0.032*** (11.08)	0.032*** (11.08)
AL	- 0.0002 (- 0.95)	- 0.0002 (- 0.95)
AT	0.007*** (3.54)	0.007*** (3.54)
GROW	- 0.004 (- 0.92)	- 0.004 (- 0.92)
TQ	0.004*** (3.71)	0.004*** (3.72)
INDD	0.026 (1.39)	0.026 (1.39)
SUPV	- 0.001 (- 0.13)	- 0.001 (- 0.14)
CONC	- 0.00003 (- 0.01)	- 0.00003 (- 0.01)
MAGF	0.044*** (3.46)	0.044*** (3.46)
TENFIRM	0.0002 (0.68)	0.0002 (0.68)
TENCPA	- 0.002*** (- 4.09)	- 0.002*** (- 4.09)
YEAR	控制	控制
IND	控制	控制
R^2	0.188	0.188
F 值	29.87***	29.87***
N	5114	5114

注：***、*分别表示在 0.01、0.1 的水平上显著。

4. 研究样本的净化

根据上文研究，为避免会计师事务所变更因素对本书研究结论可能产生的影响，本书将研究样本中发生会计师事务所变更的样本公司观测值剔除，然后对检验模型（7-1）和模型（7-2）进行多元回归分析。表7-8 稳健性测试Ⅳ的回归结果显示，在剔除会计师事务所发生变更的样本公司观测值之后，客户重要性水平对审计质量产生的作用以及"大所"声誉维护机制对二者之间关系的调节效应依然是存在的，且主要体现在客户的正向盈余操纵行为中。综上所述，稳健性测试的结果表明，本书关于签字注册会计师个体的客户重要性水平与审计质量之间关系以及"大所"声誉维护机制对二者之间关系的调节效应的研究结论是比较稳健的。

表 7 - 8　多元回归结果之稳健性测试 IV

Panel A	全样本	
	模型 (7 - 1)	模型 (7 - 2)
IMP	0.003* (1.62)	0.003* (1.67)
BIG	-0.007** (-2.47)	
IMP × BIG		-0.007** (-2.33)
SIZE	-0.003*** (-5.38)	-0.004*** (-5.42)
DEBT	0.005*** (3.87)	0.005*** (3.87)
CASH	0.003*** (3.71)	0.003*** (3.71)
LOSS	0.001 (0.64)	0.001 (0.64)
AL	-0.0004** (-2.58)	-0.0004** (-2.57)
AT	0.005*** (4.10)	0.005*** (4.10)
GROW	0.031*** (14.73)	0.031*** (14.74)
TQ	0.004*** (5.92)	0.004*** (5.91)
INDD	0.002 (0.17)	0.002 (0.17)
SUPV	-0.004 (-0.80)	-0.004 (-0.80)
CONC	0.0002 (0.15)	0.0002 (0.16)
MAGF	-0.007 (-0.82)	-0.007 (-0.83)
TENFIRM	-0.0001 (-0.39)	-0.0001 (-0.38)
TENCPA	-0.001*** (-2.93)	-0.001*** (-2.91)
YEAR	控制	控制

续表

Panel A	全样本	
	模型（7－1）	模型（7－2）
IND	控制	控制
R^2	0.102	0.102
F 值	28.37***	28.35***
N	9885	9885

Panel B	正向盈余操纵	
	模型（7－1）	模型（7－2）
IMP	0.005* (1.62)	0.005* (1.65)
BIG	－0.015*** (－3.13)	
IMP × BIG		－0.016*** (－3.01)
SIZE	－0.002** (－2.23)	－0.002** (－2.27)
DEBT	0.005*** (2.80)	0.005*** (2.80)
CASH	－0.006*** (－5.53)	－0.006*** (－5.52)
LOSS	0.005 (1.54)	0.005 (1.53)
AL	－0.001** (－2.23)	－0.001** (－2.22)
AT	0.005*** (2.67)	0.005*** (2.68)
GROW	0.045*** (16.21)	0.045*** (16.21)
TQ	0.002 (1.55)	0.002 (1.55)
INDD	0.017 (0.95)	0.017 (0.96)
SUPV	－0.007 (－1.02)	－0.007 (－1.02)
CONC	0.001 (0.62)	0.001 (0.62)
MAGF	0.019 (1.53)	0.019 (1.52)
TENFIRM	－0.0003 (－1.38)	－0.0003 (－1.37)
TENCPA	－0.001 (－1.56)	－0.001 (－1.55)
YEAR	控制	控制
IND	控制	控制
R^2	0.120	0.119
F 值	16.80***	16.78***
N	4771	4771

续表

Panel C	负向盈余操纵	
	模型（7-1）	模型（7-2）
IMP	0.001（0.50）	0.001（0.47）
BIG	-0.0001（-0.02）	
IMP × BIG		0.001（0.14）
SIZE	-0.006***（-6.72）	-0.006***（-6.77）
DEBT	0.007***（2.92）	0.007***（2.93）
CASH	0.013***（12.90）	0.013***（12.91）
LOSS	-0.004（-1.26）	-0.004（-1.26）
AL	-0.0002（-1.43）	-0.0002（-1.43）
AT	0.004***（2.94）	0.004***（2.94）
GROW	0.006*（1.83）	0.006*（1.84）
TQ	0.005***（6.82）	0.005***（6.81）
INDD	-0.012（-0.80）	-0.012（-0.81）
SUPV	-0.002（-0.30）	-0.002（-0.30）
CONC	-0.001（-0.34）	-0.001（-0.34）
MAGF	-0.033***（-2.85）	-0.033***（-2.86）
TENFIRM	0.0001（0.68）	0.0001（0.68）
TENCPA	-0.001**（-2.43）	-0.001**（-2.41）
YEAR	控制	控制
IND	控制	控制
R^2	0.122	0.122
F 值	18.30***	18.30***
N	5114	5114

注：***、**和*分别表示在0.01、0.05和0.1的水平上显著。

四 本章小结

本章选取2007年至2013年我国沪深两市的A股上市公司为初

始研究样本，以客户重要性水平为审计独立性的考察切入点，实证分析客户重要性水平对审计质量产生的影响。研究结果显示：① 在全样本视角下，签字注册会计师个体的客户重要性水平越高，意味着签字注册会计师对该客户的经济依赖程度越大，也就越有可能被该客户"绑架"进而损害甚至丧失实质上的执业独立性，最终损害审计质量。换言之，大多数的签字注册会计师并未充分考量对经济重要的"大客户"的审计失败可能造成的经济损失或潜在声誉损害，这可能与我国审计市场监管部门对注册会计师个体执业行为的监管与惩戒力度不够有一定的关系。② 进一步地，在检验模型中继续纳入"大所"声誉维护机制之后，"大所"声誉维护机制能够有效调节客户重要性水平与审计质量之间的负相关关系。这是因为，规模较大的会计师事务所尤其是作为"百年品牌老店"的国际"四大"会计师事务所，通常更加重视本所的行业声誉维护，针对重要性水平较高的"大客户"能够保持更高的谨慎性和独立性，严格控制审计风险，派遣执业经验更为丰富的注册会计师，减少"大客户"经济依赖对审计质量可能产生的不利影响。③ 在区分盈余操纵的方向之后，客户重要性水平对盈余操纵行为的影响以及"大所"声誉维护机制对客户重要性水平与审计质量之间关系的调节效应，主要体现在客户的正向盈余操纵行为中。④ 在稳健性测试部分，采用Kothari 等（2005）的模型计算的操纵性应计对审计质量进行替代度量，以客户总资产为基础计算客户重要性水平，将具有良好声誉维护机制的"大所"的界定标准从"四大"会计师事务所扩展到"十大"会计师事务所，消除会计师事务所变更因素可能产生的影响，分别进行多元回归分析，其结果与主测试结果基本一致。

第八章　研究结论及政策建议

一　研究结论与展望

审计质量是注册会计师行业生存与发展的根本，也是证券监管部门及市场投资者关注的重点，自然成为广大学者研究和探讨的热点话题。近几年来在关于注册会计师审计质量问题的研究中，国外文献研究的视角已从会计师事务所整体的层面逐步推进到了会计师事务所分所的层面，而今又有进一步向注册会计师个体的层面延伸的明显趋势。在国内文献研究中，少数学者也开始考虑结合国内审计市场环境及制度背景，尝试从注册会计师个体特征方面进行研究，并取得了一些探索性成果。尽管这些前瞻性研究成果的研究深度和广度都有待拓展，但起到了很好的指示与引领作用，也为本书研究的开展提供了文献支持和有益参照。

（一）本书研究结论

首先，本书从审计报告签字注册会计师个体的视角在回顾相关文献的基础上，理论阐述签字注册会计师个体特征对审计质量产生影响的作用机理，分析这一过程的影响因素及约束条件，进而构建签字注册会计师个体特征与审计质量之间关系的理论原型。其次，将这一理论原型嵌入我国特定的审计市场环境及法律制度背景，进而得到基于我国特定经济环境和制度背景的签字注册会计师个体特征与审计质量之间关系的检验模型。最后，根据上述理论原型与检验模型，选取 2007 年至 2013 年我国沪深两市的 A 股上市公司及其财务报告主审会计师事务所、签字注册会计师为初始研究样本，分别从不同类型的签字注册会计师个体特征角度予以理论演绎和实证检验，最终形成具体的研究结论。整体而言，本书理论分析与实证研究得到的研究结论主要有四个方面。

第一，关于签字注册会计师个体的人口特征与审计质量。以教育经历（学历与专业）、性别及年龄等作为签字注册会计师个体人口特征的切入点，构建数学检验模型，实证分析个体人口特征对审计质量产生的影响。实证研究的结果显示：① 在全样本视角下，签字注册会计师个体的学历越高、所学专业与财务越相关，审计专业胜任能力也就越强，以可操纵性应计的绝对值作为替代度量的审计质量也就越高；然而，签字注册会计师个体的性别、年龄对审计质量并未产生显著影响，也即不同性别的签字注册会计师在审计风险规避态度或职业谨慎性方面并无显著性差别，不会导致审计服务质量的差异，而且签字注册会计师的年龄并不能完全反映个体的执业经验积累或审计专业胜任能力，也不会对审计质量产生实质性影响；无论是在单方面人口特征检验模型中还是在整合人口特征检验模型中，上述结论都是成立的。② 进一步地，在区分客户公司盈余操纵的方向之后，签字注册会计师个体的教育经历（学历与专业）能够显著影响客户公司管理层的正向盈余操纵行为，但对负向盈余操纵的抑制作用不明显。③ 在稳健性测试中，对审计质量、签字注册会计师的人口特征进行其他替代度量，抑或消除会计师事务所变更因素可能产生的干扰，得到的研究结论与主测试部分基本一致。

第二，关于签字注册会计师个体的执业经验与审计质量。以签字注册会计师个体的执业经验作为审计专业胜任能力的切入点，考察个体执业经验对审计质量产生的影响。研究结果显示：① 在全样本视角下，签字注册会计师个体的执业经验越丰富，对客户审计风险的识别与把握能力越强，越能够准确地判断客户财务报告中错报或漏报等问题，设计并实施恰当的审计程序，从而确保审计质量。② 在进一步考虑签字注册会计师的执业独立性的情况下，在数学检验模型中继续纳入签字注册会计师的审计任期因素之后，执业经验与审计任期之间的交互效应对审计质量产生了干扰型交互作用，而非增强型交互作用，这与审计任期同时影响特定客户执业经验和执业独立性有着密切关系。③ 在区分盈余操纵的方向之后，签字注册会计师个体的执业经验能够有效抑制被审计单位管理层的正向盈余操纵行为，但对负向盈余操纵的抑制作用不明显；而且，个体的执业经验与审计任期之间的交互效应也仅存在于客户的正向盈余操纵行为方面。④ 通过稳健性测试，分别对审计质量、签字注册会计师的执业经验进行其他替代度量，然后消除会计师事务所变更因素可能产生的干扰，进行多元回归分析，其结果与主测试结果基本一致。

第三，关于签字注册会计师个体的执业集中度与审计质量。以签字注册会计师的执业集中度作为个体执业特征的切入点，考察其对审计质量产生的影响。研究结果显示：① 在全样本视角下，签字注册会计师个体的执业集中度越高，对客户所属行业的审计知识越熟悉，对该行业相关的特定执业经验积累越丰富，对该特定行业的审计风险的防范与控制能力越强，最终将越有助于确保审计质量。② 进一步地，在检验模型中继续纳入签字注册会计师的审计任期因素之后，执业集中度与审计任期的之间交互效应对审计质量产生了干扰型交互作用，这也说明签字注册会计师的审计任期是个体专业胜任能力和执业独立性的一种综合体现，而且审计任期与审计质量之间也并非简单的线性相关关系。③ 在区分盈余操纵的方向之后，签字注册会计师个体的执业集中度越高，越有助于抑制客户管理层的正向盈余操纵行为，但对负向盈余操纵的抑制作用不显著；而且，个体的执业集中度与审计任期之间的干扰型交互作用仅存在于客户的正向盈余操纵行为中。④ 在稳健性测试中，采用 Kothari 等（2005）的模型计算的可操纵性应计及财务重述对审计质量进行替代度量，将签字注册会计师累计在某行业审计的客户数作为执业集中度的替代度量，消除会计师事务所变更因素可能产生的干扰，分别进行多元回归分析，其结果与主测试部分的结果基本一致。

第四，关于签字注册会计师个体的客户重要性水平与审计质量。以签字注册会计师个体对客户的经济依赖程度计算的客户重要性水平为执业独立性的考察切入点，实证分析客户重要性水平对审计质量产生的影响。研究结果显示：① 在全样本视角下，签字注册会计师个体的客户重要性水平越高，意味着对该客户的经济依赖程度越大，也就越有可能被该客户"绑架"进而损害甚至丧失实质上的执业独立性，并最终损害审计质量。② 进一步地，在检验模型中继续纳入"大所"声誉维护机制之后，"大所"声誉维护机制能够有效调节客户重要性水平与审计质量之间的负相关关系。③ 在区分盈余操纵的方向之后，客户重要性水平对盈余操纵行为的影响以及"大所"声誉维护机制对客户重要性水平与审计质量之间关系的调节效应，主要体现在客户的正向盈余操纵行为中。④ 在稳健性测试部分，采用 Kothari 等（2005）的模型计算的可操纵性应计及财务重述对审计质量进行替代度量，以客户总资产为基础计算客户重要性水平，将具有良好声誉维护机制的"大所"的界定标准从国际"四大"会计师事务所扩展到"十大"会计师事务所，消除会计师事务所变更因素可能产生的干扰，分别进行多元回归分析，其结果与主测试结果基本一致。

综上所述，本书结合我国特定的审计市场环境及制度背景，理论分析签字注册会计师个体特征对审计质量产生影响的作用路径，并选取我国沪深两市 A 股上市公司为研究样本，构建数学模型进行实证检验，从而尽可能细致地呈现签字注册会计师个体的人口特征、执业特征对个体执业活动及审计结果质量产生的影响，以期有助于会计信息使用者更加准确地解读签字注册会计师的审计行为，以及签字注册会计师个体特征在这一行为过程中产生的作用。总之，本书的研究从签字注册会计师个体的层面拓展和丰富了审计质量相关问题研究的文献与成果，为该领域的研究提供了来自中国的理论逻辑和经验证据，也为未来这方面的进一步研究指出了方向。

（二）未来研究方向

本书将注册会计师审计相关问题的研究视角从以往研究中的会计师事务所（总所或分所）层面推进到注册会计师个体层面，继而讨论个体特征（人口特征与执业特征）对审计质量产生的影响。这是因为执业个体层面的异质性会比会计师事务所层面的异质性更具有可观测性和直接决定性。但限于研究篇幅及个人研究能力，仍存在一些有意义的话题未能在本书予以探讨，这有待未来进一步研究。

首先，通过梳理已有相关文献，本书以签字注册会计师个体的教育经历（包括学历和所学专业）、性别及年龄为个体人口特征的切入点，考察其对审计质量产生的影响并得出一些较为稳健的研究结论。但事实上，作为审计实务最终执行者的签字注册会计师，其个体的人口特征远远不止于此，其中既有较为显性的特征，也有较为隐性的特征。比如，签字注册会计师在会计师事务所（或下属分支机构）的具体职务层次，是否为会计师事务所的合伙人，获得注册会计师执业资格的方式是考核还是考试，个人的国外留学经历、政治面貌及身体状况等。这些来源于签字注册会计师个体层面的人口特征都有可能对其执业行为表现及审计结果质量产生或多或少的影响，有待未来进一步探讨。

其次，本书以签字注册会计师个体的执业经验与执业集中度为审计专业胜任能力的切入点，以客户重要性水平为审计独立性的切入点，考察个体的执业特征对审计质量的影响。然而，签字注册会计师审计执业活动是一项非常复杂的脑力兼体力活动，在这一系列的行为活动过程中所表现出来的个体执业特征也是多方面、多层次的，有的执业特征是可观测、可度量的，而有的执业特征是不可观测或难以度量的。比如，签字注册会计师是否具有审计大型上市公司乃至跨国公司的业务经验，是否有频繁"跳槽"的经历，能否保持应有的谨慎性与独立性，在执业过程中是否与客户管理层之间存在或建立了"超工具性"的人际关系，是否存在超时审计等违规行为，由他（她）们审计的客户公司是否发生过重大财务重述行为，等等。囿于篇幅，这些执业特征无法在本书研究中悉数展现出来，但是它们都有可能会对签字注册会计师的执业经验、胜任能力、形式或实质的独立性造成或多或少的影响，进而影响最终的审计结果呈现及其质量。未来深入研究与解读这些重要且现实的问题，将为加强我国注册会计师的行业监管、提高审计行业的服务水平提供有益参考。

最后，在上市公司财务报表的审计报告中，通常有两位注册会计师签字（在少数情况下有三位），根据我国财政部于2001年出台的《关于注册会计师在审计报告上签名盖章有关问题的通知》（以下简称《通知》）的规定，两位签字的注册会计师中应包含一位复核人和一位项目负责人。若能依据该规定区分签字注册会计师是项目负责人还是复核人，继而考察不同角色的签字注册会计师的人口特征及执业特征对审计质量可能产生的差异化影响，将是十分有意义的。但事与愿违，目前在我国注册会计师审计实务中，绝大多数的会计师事务所对作为复核人和项目负责人的两位注册会计师的签字顺序并未做明确规定。因此，我们无法根据签字顺序准确判断签字注册会计师的角色。然而，《通知》等相关文件也规定，作为复核人的签字注册会计师须是会计师事务所的合伙人或者主任（含副主任）会计师，这在某种程度上是在依靠会计师事务所管理层人员对审计质量进行控制；也即，这一规定为区分签字注册会计师的角色提供了一种可能的依据。此外，可考虑对上市公司聘请的会计师事务所进行实地调研，以获悉各家会计师事务所在不同角色的注册会计师签字顺序方面的内部规则。总之，综合运用多种方法或渠道区分审计报告中签字注册会计师的角色并考察其各自发挥的作用，将是未来该领域研究中一个十分有意义的方向。

二 政策建议

众所周知，注册会计师审计的最终目标是增强被审计单位财务报告信息的可信度并保护广大投资者的合法权益，这一执业功能的发挥有赖于审计工作的质量，这一切又与审计实务的直接执行者——签字注册会计师的个体特征密切相关。根据本书理论分析与实证研究的结论，签字注册会计师个体层面的人口特征与执业特征会对个人专业胜任能力及执业独立性产生不同程度的影响，进而影响审计工作质量。鉴于此，本书结合目前我国注册会计师行业发展特点及相关制度背景，主要针对注册会计师综合素质的提升，从职业行为的引导与监管两个方面提供一些或不成熟的政策建议。

（一）促进注册会计师综合素质的提升

签字注册会计师审计作为智力密集型行业，其从业人员的综合素质尤为重要。根据本书的理论分析与实证研究结论，良好的教育经历、丰富的执业经验及较高的执业集中度都有助于注册会计师个体专业能力的培养与提高。故此，本书建议从以下几个方面提升注册会计师个体的综合素质。

1. 专业教育与职业培训并重

注册会计师专业能力的培养过程大致可分为知识性阶段和程序性阶段。其中，知识性阶段是基础学习阶段，主要是在大专院校的会计、审计等相关课程的学习中完成的；程序性阶段是技术与技能的提升阶段，主要是在具体项目的审计过程中完成的。若欲提升注册会计师个体综合素质，知识性阶段和程序性阶段都是十分重要的。

首先，针对知识性阶段，应重视注册会计师的专业教育。本书研究表明签字注册会计师的学历越高、所学专业与财务越相关，专业胜任能力也就越强，越有助于确保审计工作质量。故此，会计师事务所一方面要重视注册会计师人员的受教育状况，积极引进受过良好专业教育的优秀毕业生；另一方面，应建立合理的激励机制，鼓励注册会计师接受更高层次的专业教育，不断拓宽视野。

其次，针对程序性阶段，应加强注册会计师的职业培训，重视专业人才的培养，包括常规的职业继续教育培训，更主要的是重视高层次、高质量的专业人才培养。在我国财政部 2005 年年底正式启动的"全国会计领军（后备）人才培养工程"中，注册会计师类培养项目是四大项目之一，这对我国注册会计师在职教育培训起到了很好的示范作用与推动作用。若欲打造我国高水平的注册会计师队伍，仅靠我国注册会计师协会领衔的领军人才培养项目是远远不够的，还需要各级注册会计师行业管理部门的响应与配合，从而实现全国范围内的人才培养辐射效应。具体而言，各地方注册会计师协会及相关单位应当充分借鉴注册会计师协会的领军人才培养模式与经验，结合当地的区域经济发展水平和审计行业实际情况，制订恰当的注册会计师行业人才选拔与培养方案，做到因地制宜，实现因材施教。同时，各级注册会计师行业管理部门应当充分利用当地的行业人才培训资源，为学员提供专业知识学习、工作经验交流与会计师事务所文化思想碰撞的平台，逐步打造本区域的注册会计师行业人才名片，促进本区域审计行业队伍建设，促进本区域会计师事务所做大做强。这样一来，我国注册会计师协会与地方注册会计师协会将全面推进注册会计师行业人才的培养，逐渐形成各方面广泛参与、上下贯通的人才队伍建设局面，努力打造具备国际竞争力的中国特色审计行业品牌。此外，各个会计师事务所也应当积极配合注册会计师行业人才培养政策，建立良好的人才培养机制，鼓励本所的优秀注册会计师积极参加行业人才交流与高端人才培训，不断提高个人综合素质。诚然，若要打造理论功底深厚、专业本领过硬且具备国际综合竞争实力的中国注册会计师专业人才名片，铸造中国特色审计行业品牌，需要多部门的通力协作、多层次的着力培养、多渠道的正确引导以及多方面的监督管理，这是一项刻不容缓且意义重大的艰巨任务。

2. 重视审计经验积累，合理培养审计专攻

注册会计师审计属于智力密集型的服务行业，注册会计师个体在执业过程中的经验积累是审计专业胜任能力的重要构成部分。本书研究表明，签字注册会计师的个体执业经验越丰富，越有助于准确把握并控制被审计单位的风险，降低审计失误或审计失败的可能性。故此，会计师事务所管理层应重视注册会计师个人的执业经验积累，一方面，应重视不同类型的审计项目之间、同一类型审计项目的不同规模客户之间的执业经验及知识的分析与汇总；另一方面，应重视同一客户审计业务的前后会计年度的执业经验积累，增强前任与后任签字注册会计师之间的问题沟通与经验交流。同时，会计师事务所应考虑为执业经验丰富的审计专家与执业经验欠缺的审计新手搭建良好的交流与学习平台，促进审计专家的高效审计技术与技能的传播，促进审计新手通过间接学习的方式快速成长，逐步形成良好的会计师事务所内部学习与交流氛围，促进会计师事务所的持续健康发展。

注册会计师在某一个或某几个行业集中执业，有助于其对该行业客户信息的全面了解，加强对该行业客户相关的执业经验的积累，从而确保审计工作质量，本书的实证研究支持了这一结论。因此，会计师事务所应合理培养注册会计师的执业专攻。一方面，会计师事务所应引导注册会计师恰当选择自己专攻的特定行业，加强对该行业客户知识的全面学习，包括该行业企业产品的生产流程与经营特点、行业发展阶段与现状、行业进入壁垒与平均盈利水平等，从而逐渐形成有关该特定行业的巨大知识集合；另一方面，会计师事务所应避免注册会计师个人盲目专攻，避免因长时间对某行业的固定客户进行审计而丧失其他相关审计知识与技能，避免注册会计师个人与其集中执业的行业客户建立个人关系，干扰执业独立性。总之，会计师事务所应当在审计质量控制机制范围内，合理引导注册会计师培养执业专攻，提高专业胜任能力，提供高质量审计服务。

（二）加强注册会计师执业行为的监管

众所周知，保障审计工作质量的前提条件是注册会计师执业行为的合法性与合规性。从原则上讲，注册会计师在公司财务报告审计执业活动中必须严格遵守审计准则与职业道德准则的要求与规定，既要保证在形式上独立于被审计单位，更要保证在精神上的实质独立性，这是保障审计服务质量的前提。然而，在具体的审计工作实务中，并非每位注册会计师都能严格做到这一点。本书研究结果表明，被审计单位是注册会计师"衣食父母"的客观事实，使注册会计师无法摆脱对重要客户的自然经济依赖，这是注册会计师机会主义行为产生的根本动因。此外，被审计客户管理层的不合理干预以及审计市场激烈竞争等因素，也会诱致或迫使注册会计师降低甚至丧失其执业独立性。也即，这些内外部复杂因素的交互融合无疑会导致注册会计师执业行为出现违规、合谋或舞弊等问题，进而引致一系列关乎审计服务质量与成效的重要问题。近些年来，我国证监会、中注协等行业监管部门针对注册会计师审计执业问题出台了一系列的行为规范与准则，比如《中国注册会计师职业道德守则》、《关于证券期货审计业务签字注册会计师定期轮换的规定》及《会计师事务所执业质量检查工作廉政规定》等。我们不否认，这些文件或规定的颁布与实施在规范注册会计师执业行为和完善我国审计市场秩序方面发挥了重要的作用，但这相对于复杂的审计执业工作而言仍然是不足的，在诸多方面需要进一步补充与完善。

1. 完善执业行为监管法规，提高制度执行力度

首先，"有法可依"是个体行为监管的前提，目前我国关于注册会计师执业行为监管的法规存在一些漏洞或不足之处。比如当签字注册会计师携其客户从一家会计师事务所跳槽到另一家会计师事务所时，这种"携客户共进退"的行为会形成一种换"所"不换"师"的现象，这种特殊形式的变更反映了签字注册会计师与客户之间的特定人际关系，这种特殊人际关系的存在及延续很

可能损害执业独立性。而且签字注册会计师很可能会出于经济利益绑定或人情的"报之规范"的权衡与考量，给予这些追随其跳槽的老客户以审计调整或审计意见等方面的优待，配合客户实施"审计意见购买"行为。又如，签字注册会计师到其审计的客户公司担任高层管理人员，会形成一种"旋转门"现象，这种极具隐蔽性的"旋转门"行为可能对客户的财务报告质量及审计质量产生不利影响。简言之，针对注册会计师个人在执业过程中的流动行为，监管部门应制定并细化相关的人员流动管理办法，要求相关的会计师事务所、注册会计师个人及其审计的客户公司披露这些特殊信息，以便投资者及监管者及时获取，从而规范注册会计师个人的流动行为管理，降低注册会计师机会主义行为发生的概率。其次，"有法必依"是个体行为监管的关键，再完美的政策法规若未得到充分的贯彻执行，也只能是"纸上谈兵"。比如，关于签字注册会计师的五年定期轮换规定实施至今已十年有余，但仍有一小部分注册会计师未能遵照这一规定，出现"到期不轮换""冷却时间不满两年"等行为。就此而言，监管部门必须加强注册会计师执业行为相关的法规文件的执行力度。

2. 完善违规行为惩戒机制，增强监管震慑作用

"执法必严，违法必究"，这是保证政策法规实施效果的重点。在我国现有法制体系下，《公司法》、《证券法》及《注册会计师法》都对注册会计师的虚假陈述行为的民事责任进行了相关规定，而且2007年出台的《关于审理涉及会计师事务所审计业务活动中民事侵权赔偿案件的若干规定》进一步具体明确了注册会计师虚假陈述行为的民事责任。尤其是注册会计师在执业过程中出现与被审计单位进行"串通舞弊""审计合谋"等情节较为严重的违规行为，一旦被监管部门发现，轻则被处以警告、罚款，重则被处以吊销执照、终身禁入等。可见，我国注册会计师审计所面临的法律环境日趋严格，但违规行为惩戒机制有待进一步细化与完善，需要进一步明确不同性质、不同严重程度的个体执业违规行为的惩罚措施与责任追究机制。当然，归根结底，监管部门对注册会计师个体执业违规行为的惩戒的最终目的是期望通过不同程度的处罚对注册会计师的执业行为起到一定的事前震慑作用，使其自觉地遵守职业行为准则及规范，确保审计服务的质量。

（三）完善会计师事务所治理机制

会计师事务所是注册会计师审计工作的基本依托，完善会计师事务所治理机制是保障注册会计师执业质量的基础。

首先，无论是大型会计师事务所还是中小型会计师事务所，都必须积极贯彻落实《会计师事务所内部治理指南》，构建客户审计风险控制机制，建立合理的员工绩效考核机制，建立公平的晋升机制，保护广大员工的合法权益，增强员工的组织支持感，提升员工的工作满意度，逐步构建诚信、融合、友好的会计师事务所内部文化氛围，实现真正意义上的"人合"。

其次，会计师事务所应当建立健全内部人才档案，充分考虑各个注册会计师的个体特征，尤其是注册会计师的教育经历、执业经验、行业专攻及客户经济依赖程度等特征。这些特征都会直接或间接地影响注册会计师个体执业能力及执业独立性。然后，根据不同行业、不同规模客户的不同特征，合理配置审计师资源，尤其要为新客户或重要性水平较高的大客户分配恰当的注册会计师及团队，既要确保审计工作质量，也要避免审计资源浪费，进而提高会计师事务所的综合绩效。

最后，本土会计师事务所在积极响应国家会计专业人才培养工程等政策的同时，应积极探索国际化发展的途径与模式，加强其与国际大型事务所的交流与合作，为本所的优秀注册会计师人员提供国外学习与交流的机会，这有助于注册会计师人员开拓个人视野，提高个人知识层次，丰富个人执业经验。此外，本土会计师事务所可以考虑通过加入国际行业组织、开展境外审计项目合作、与国际会计师事务所建立合作关系等方式，逐步打通本土事务所走出国门、迈向世界的多元化通道。同时，以中国注册会计师协会为代表的行业管理部门，应当鼓励有条件的会计师事务所建立境外分支机构，以我国境外上市公司或国内集团公司的境外分公司为依托，逐步开拓国际市场，实现我国本土会计师事务所的国际化发展。

参考文献

[1] 蔡春、鲜文铎：《会计师事务所行业专长与审计质量相关性的检验——来自中国上市公司审计市场的经验证据》，《会计研究》2007 年第 6 期。

[2] 曹强、胡南薇、王良成：《客户重要性、风险性质与审计质量——基于财务重述视角的经验证据》，《审计研究》2012 年第 6 期。

[3] 陈波：《经济依赖、声誉效应与审计质量——以会计师事务所分所为分析单位的实证研究》，《审计与经济研究》2013 年第 5 期。

[4] 陈丽红、张龙平：《行业专门化与审计质量——来自中国审计市场的经验证据》，《当代财经》2010 年第 11 期。

[5] 陈晓萍、徐淑英、樊景立：《组织与管理研究的实证方法》，北京大学出版社 2008 年第 1 版。

[6] 党秀娟、郑石桥、高显鸽：《客户重要性、体制改进与审计质量的关系研究——基于事务所分所水平与个人审计师水平的研究》，《财会通讯》2011 年第 15 期。

[7] 丁利、李明辉、吕伟：《签字注册会计师个人特征与审计质量——基于 2010 年上市公司数据的经验研究》，《山西财经大学学报》2012 年第 8 期。

［8］ 郭春林：《基于签字注册会计师特征与独立审计质量的实证研究》，《经济问题》2014 年第 1 期。

［9］ 胡本源：《重要客户损害了审计独立性吗？——来自中国证券市场的经验证据》，《财贸研究》2008 年第 5 期。

［10］ 李明辉、刘笑霞：《客户重要性与审计质量关系研究：公司治理的调节作用》，《财经研究》2013 年第 3 期。

［11］ 刘峰、周福源：《国际四大意味着高质量审计吗——基于会计稳健性角度的检验》，《会计研究》2007 年第 3 期。

［12］ 刘桂良、牟谦：《审计市场结构与审计质量：来自中国证券市场的经验证据》，《会计研究》2008 年第 6 期。

［13］ 刘启亮、陈汉文、姚易伟：《客户重要性与审计质量——来自中国上市公司的经验证据》，《中国会计与财务研究》2006 年第 4 期。

［14］ 刘启亮、唐建新：《学习效应、私人关系、审计任期与审计质量》，《审计研究》2009 年第 4 期。

［15］ 刘启亮、周连辉、付杰、肖建：《政治联系、私人关系、事务所选择与审计合谋》，《审计研究》2010 年第 4 期。

［16］ 刘笑霞、李明辉：《会计师事务所人力资本特征与审计质量——来自中国资本市场的经验证据》，《审计研究》2012 年第 2 期。

［17］ 倪慧萍：《客户重要性对审计质量影响的理论分析与经验证据》，《南京审计学院学报》2008 年第 4 期。

［18］ 潘克勤：《客户重要性与审计质量》，《经济经纬》2007 年第 4 期。

［19］ 施丹、程坚：《审计师性别组成对审计质量、审计费用的影响——来自中国的经验证据》，《审计与经济研究》2011 年第 5 期。

［20］ 苏文兵、常家瑛、王兵：《事务所行业专长、客户谈判能力与审计费用》，《商业经济与管理》2011 年第 11 期。

［21］王兵、李晶、苏文兵、唐逸凡：《行政处罚能改进审计质量吗？——基于中国证监会处罚的证据》，《会计研究》2011 年第 12 期。

［22］王兵、辛清泉：《分所审计是否影响审计质量和审计收费？》，《审计研究》2010 年第 2 期。

［23］王少飞、唐松、李增泉、姜蕾：《盈余管理、事务所客户资源控制权的归属与审计质量——来自中国证券市场的经验证据》，《审计研究》2010 年第 1 期。

［24］吴溪：《会计师事务所为新承接的审计客户配置了更有经验的项目负责人吗？》，《中国会计与财务研究》2009 年第 3 期。

［25］吴溪、王晓、姚远：《从审计师成为客户高管：对旋转门现象的一项案例研究》，《会计研究》2010 年第 11 期。

［26］谢盛纹、孙俊奇：《制度环境、审计行业专业性与审计质量——一项实证研究》，《当代财经》2010 年第 7 期。

［27］谢盛纹、闫焕民：《换"所"不换"师"式变更、超工具性关系与审计质量》，《会计研究》2013 年第 12 期。

［28］谢盛纹、闫焕民：《事务所轮换与签字注册会计师轮换的成效对比研究》，《审计研究》2014 年第 4 期。

［29］谢盛纹、闫焕民：《随签字注册会计师流动而发生的会计师事务所变更问题研究》，《会计研究》2012 年第 4 期。

［30］薛爽、叶飞腾、付迟：《行业专长、审计任期和审计质量——基于签字会计师水平的分析》，《中国会计与财务研究》2012 年第 3 期。

［31］闫焕民：《签字会计师个人执业经验如何影响审计质量？——来自中国证券市场的经验证据》，《审计与经济研究》2016 年第 3 期。

［32］闫焕民：《签字会计师个体异质性与审计质量》，《山西财经大学学报》2015 年第 9 期。

［33］闫焕民：《审计师人口特征与审计工作质量——来自中国上市公司的经验证据》，《中国注册会计师》2015 年第 12 期。

［34］闫焕民、刘宁、陈小林：《事务所转制是否影响审计定价策略？——来自我国上市公司的经验证据》，《审计研究》2015 年第 5 期。

［35］叶琼燕、于忠泊：《审计师个人特征与审计质量》，《山西财经大学学报》2011 年第 2 期。

［36］原红旗、韩维芳：《签字会计师的执业特征与审计质量》，《中国会计评论》2012 年第 3 期。

［37］张龙平：《试论我国注册会计师审计质量控制标准的建设》，《中国注册会计师》1994 年第 8 期。

［38］Alissa, W., Capkun, v., Suca, N. et al., "An Empirical Investigation of the Impact of Audit and Auditor Characteristics on Auditor Performance," *Accounting, Organizations and Society* 39(2014).

［39］Ashton, A. H., "Experience and Error Frequency Knowledge as Potential Determinants of Audit Expertise," *The Accounting Review* 66 (1991).

［40］Balsam, S., Krishan, J., Yang, J., "Auditor Industry Specialization and Earnings Quality," *Auditing: A Journal of Practice and Theory* 12(2003).

［41］Bamber, L. Jiang, J., Wang, I., "What's My Style? The Influence of Top Managers on Voluntary Corporate Financial Disclosure," *The Accounting Review* 85(2010).

［42］Carey, P., Simnett, R., "Audit Partner Tenure and Audit Quality,"

The Accounting Review 81(2006).

[43] Chen, J. P. C., et al., "Auditor Changes Following a Big 4 Merger with a Local Chinese Firm: A Case Study," *Auditing: A Journal of Practice and Theory* 29(2010).

[44] Chen, J. P. C., Su, X. J., Wu, X., "Forced Audit Firm Change, Continued Partner-Client Relationship and Financial Reporting Quality," *A Journal of Practice and Theory* 28(2009).

[45] Chen, C., et al., "Audit Partner Tenure, Audit Firm Tenure and Discretionary Accruals: Does Long Auditor Tenure Impair Earnings Quality," *Contemporary Accounting Research* 25(2008).

[46] Chen, F., et al., "Do Audit Clients Successfully Engage in Opinion Shopping? Partner-Level Evidence," *Journal of Accounting Research* 54(2016).

[47] Chen, S., et al., "Client Importance, Institutional Improvements and Audit Quality in China: An Office and Individual Auditor Level Analysis," *The Accounting Review* 85(2010).

[48] Cheng Y., et al., "The Association between Auditor Quality and Human Capital," *Managerial Auditing Journal* 24(2009).

[49] Chi, W., et al., "Client Importance and Audit Partner Independence," *Journal of Accounting and Public Policy* 31(2012).

[50] Chin, C., Chi, H., "Reducing Restatements with Increased Industry Expertise", *Contemporary Accounting Research* 26(2009).

[51] Craswell, A., Stokes, D. J., Laughton, J., "Auditor Independence and Fee Dependence," *Journal of Accounting and Economics* 33(2002).

[52] De Angelo, L. E., "Auditor Size and Audit Quality," *Journal of Ac-

counting and Economics 3(1981).

[53] Dechow, P. M. , Sloan, R. G. , Sweeney, A. P. , "Detecting Earnings Management," *The Accounting Review* 70(1995).

[54] Earley, C. E. , "The Differential Use of Information by Experienced and Novice Auditors in the Performance of Ill-structured Audit Tasks," *Contemporary Accounting Research* 19(2002).

[55] Fellner, G. , Maciejovsky, B. , "Risk Attitude and Market Behavior: Evidence from Experimental Asset Markets," *Journal of Economic Psychology* 28(2007).

[56] Firth, M. , Mo, P. L. L. , Wong, R. M. K. , "Auditors' Organizational Form, Legal Liability and Reporting Conservatism: Evidence from China," *Contemporary Accounting Research* 29(2012).

[57] Firth, M. , Rui, O. M. , Wu, X. , "How do Various Forms of Auditor Rotation Affect Audit Quality? Evidence From China," *The International Journal of Accounting* 47(2011).

[58] Francis, J. R. , "A Framework for Understanding and Researching Audit Quality," *A Journal of Practice and Theory* 12(2011).

[59] Gold, A. H. , Hunton, J. E. , Gomaa, M. , I. , "The Impact of Client and Auditor Gender on Auditors' Judgments," *Accounting Horizons* 23(2009).

[60] Goodwin, J. , Wu, D. , "Is the Effect of Industry Expertise on Audit Pricing an Office-level or a Partner-level Phenomenon," *Review of Accounting Studies* 19(2014).

[61] Gul, F. A. , Sun, S. Y. J. , Tsui, J. S. L. , "Do Individual Auditors Affect Audit Quality? Evidence from Archival Data," *The Accounting Review* 88(2013).

[62] Gul, F. A., Wu, D., Yang, Z., "Tracks: Audit Quality, Earnings and the Shanghai Stock Market Reaction," *Journal of Accounting, Auditing and Finance* 18(2003).

[63] Hambrick, D. C., Mason, P. A., "Upper Echelons: The Organization as a Reflection of Its Top Managers," *Academy of Management Review* 9(1984).

[64] Jr, W. F. M., Owhoso, V., Rakovski, C., "Can Audit Partners Predict Subordinates' Ability to Detect Errors," *Journal of Accounting Research* 46(2008).

[65] Khurana, I. K., Raman, K. K., "Litigation Risk and the Financing Reporting Credibility of Big 4 Vs Non-big 4 Audits Evidence from Anglo-American Countries," *The Accounting Review* 79(2004).

[66] Klein, B., Crawford, R. G., Alchian, A. A., "Vertical Integration, Appropriable Rents, and the Competitive Contracting Process," *Journal of Law and Economics* 21(1978).

[67] Kothari, S. P., Leone, A. J., Wasley, C. E., "Performance Matched Discretionary Accruals," *Journal of Accounting and Economics* 39 (2005).

[68] Krishnan, G., "Did Houston Clients of Arthur Andersen Recognize Publicly Available Bad News in a Timely Fashion," *Contemporary Accounting Research* 22(2005).

[69] Libby, R., Frederick, D. M., "Experience and the Ability to Explain Audit Findings," *Journal of Accounting Research* 28(1990).

[70] Lim, C., Tan, H., "Does Auditor Tenure Improve Audit Quality? Moderating Effects of Industry Specialization and Fee Dependence," *Contemporary Accounting Research* 27(2010).

[71] Low, K. , "The Effects of Industry Specialization on Audit Risk Assessments and Audit-planning Decisions," *The Accounting Review* 79 (2004).

[72] Myers, J. , Mayers, L. , Omer, T. , "Exploring the Term of the Auditor-client Relationship and the Quality of Earnings: A Case from Mandatory Auditor Rotation," *The Accounting Review* 78 (2003).

[73] Palmrose, Z. , "An Analysis of Auditor Litigation and Audit Service Quality," *The Accounting Review* 63 (1988).

[74] Reynolds, J. K. , Francis, J. R. , "Does Size Matter? The Influence of Large Clients on Office-level Auditor Reporting Decisions," *Journal of Accounting and Economics* 30 (2001).

[75] Tan, H. , "Effects of Expectations, Prior Involvement and Review Awareness on Memory for Audit Evidence and Judgment," *Journal of Accounting Research* 33 (1995).

[76] Taylor, M. H. , "The Effects of Industry Specialization on Auditors' Inherent Risk Assessments and Confidence Judgments," *Contemporary Accounting Research* 17 (2000).

[77] Taylor, S. D. , "Does Audit Fee Homogeneity Exist: Premiums and Discounts Attributable to Individual Partner," *Auditing: A Journal of Practice and Theory* 30 (2011).

[78] Wang, Y. , Yu, L. , Zhao, Y. , "The Association between Audit-Partner Quality and Engagement Quality: Evidence from Financial Report Misstatements," Auditing: A *Journal of Practice and Theory* 34 (2015).

[79] Ye, K. , Yuan, R. , Cheng, Y. , "Auditor Experiences, Accounting Firm Size, and Client Ownership," *Frontiers of Business Research in*

China 10(2014).

[80] Zerni,M.,"Auditor Partner Specialization and Audit Fees:Some Evidence from Sweden,"*Contemporary Accounting Research* 29 (2012).

后　记

　　笔至"后记"，书稿初成，本欲静心止水，畅舒不遑宁息数月之倦气，岂料内心浮动，难掩百感交集之思绪！乍看一纸薄文，却也凝结着太多人的辛勤汗水、默默支持！诚然，谨此寥寥数行之铅字，难释镂骨铭肌之感恩，却也唯此以表吾之肺腑！

　　本书是在博士论文基础上修改而成的，故首先由衷感谢导师谢盛纹教授。正所谓"经师易遇，人师难遭"，谢教授殚见洽闻的学识、鞭辟入里的独到见解、诲人不倦的敬业精神，引领愚徒步入科研圣殿，阔展学术视野。他谦逊豁达、怀瑾握瑜的高尚品格，让我受用一生。同时感谢我的师母一直以来对我学业、生活无微不至的关怀，让我有幸体悟到"亦师亦友亦家人"的温暖。他们的相扶相携更是教会我何谓大爱无言。

　　感谢我的师兄（弟）、师姐（妹）们，让我感受到谢师门团结的力量与家庭的温馨，他们是刘杨晖、王清、刘睿、田莉、王洋洋及杨钦皓等。作为同门挚友，我们在探求学术真理的道路上将互助互勉，勇往直前。

　　最后，也是最重要的，感谢我的父母，感谢我的妻子，他们的默默付出，是我坚强的后盾与前进的力量，愿此薄文聊慰他们无私的爱。

巍巍昌大，继往开来！不求闻达于世，唯愿不负伯乐知遇之恩；不求光耀师门，唯愿不负恩师知遇之情；不求富贵荣华，唯愿不负亲人期许之心。祝愿所有爱我的人和我爱的人平安幸福！

闫焕民

2016 年 6 月 6 日

图书在版编目(CIP)数据

签字注册会计师个体特征与审计质量研究／闫焕民
著. -- 北京：社会科学文献出版社，2017.1
（南昌大学青年学者经管论丛）
ISBN 978 - 7 - 5097 - 9873 - 7

Ⅰ.①签… Ⅱ.①闫… Ⅲ.①注册会计师 - 个体 - 特
征 - 研究②注册会计师 - 审计质量 - 研究 Ⅳ.①F233
②F239.2

中国版本图书馆 CIP 数据核字（2016）第 254828 号

南昌大学青年学者经管论丛
签字注册会计师个体特征与审计质量研究

著　　者／闫焕民

出 版 人／谢寿光
项目统筹／周　丽　高　雁
责任编辑／高　雁　崔红霞

出　　版／社会科学文献出版社·经济与管理出版分社（010）59367226
　　　　　地址：北京市北三环中路甲 29 号院华龙大厦　邮编：100029
　　　　　网址：www.ssap.com.cn
发　　行／市场营销中心（010）59367081　59367018
印　　装／北京季蜂印刷有限公司

规　　格／开　本：787mm × 1092mm　1/16
　　　　　印　张：12.75　字　数：158 千字
版　　次／2017 年 1 月第 1 版　2017 年 1 月第 1 次印刷
书　　号／ISBN 978 - 7 - 5097 - 9873 - 7
定　　价／75.00 元

本书如有印装质量问题，请与读者服务中心（010 - 59367028）联系

▲ 版权所有 翻印必究